本书编委会

主　任： 杨燕娜　卢秋勤

副主任： 邓　颖　周继忠　沈　珺

编写组

顾　问： 范并思

主　编： 杨燕娜

副主编： 刘　隽　姚　倩

撰稿人： 刘　隽　张　扬　唐安琪　赵佳颖　顾睿姣
薛钊沁　钟康睿　阮子涵　廖晓真　蒋锦霞

上海地区儿童图书馆阅读推广服务指南

（系列）

杨燕娜 主编

上海三联书店

目　录

前　言

图书馆开展故事会、读书会、知识竞赛、讲座、展览、手工或游艺等活动，通常称为图书馆阅读推广。图书馆面向少年儿童开展阅读推广活动，有助于培养少年儿童的阅读兴趣与阅读能力，丰富图书馆阅读服务手段，更好地履行图书馆推动、引导与服务全民阅读的法定使命。当前，阅读推广已经成为国内外图书馆最普遍的阅读服务方式，在少年儿童阅读服务中更是成为最主要、最受读者欢迎的服务方式。

阅读推广是一项非常需要创新的服务。图书馆开展阅读推广的历史并不长，专业知识和制度建设都处于起步阶段。专业基础和创新能力较强的市、区级图书馆，少年儿童阅读推广开展较为普遍，成为图书馆服务创新和业务拓展的一大亮点。而大量更加贴近少年儿童的街道、乡镇、社区图书馆，则因策划、组织、实施能力缺乏，无法持续、有效地开展少年儿童阅读推广。此外，随着图书馆阅读服务的不断深入，阅读推广的发展动力也从创新驱动走向制度保障。只有通过图书馆阅读推广的制度建设，才能全面落实国家有关全民阅读、公共文化服务和儿童发展的各项方针政策，开展优质、高效、安全的儿童阅读推广，更好地服务社会，服务少年儿童的阅读需求。

上海少年儿童图书馆是我国图书馆少年儿童服务的领头羊，长期深耕于图书馆儿童服务的理论与实践领域，对图书馆儿童阅读推广进行了全方位的探索。上海少年儿童图书馆新馆建成后，馆领导意识到，必须全面发挥图书馆服务体系的作用，推动全市区县图书馆、街道乡镇图书馆、社区图书馆、中小学图书馆等各级各类图书馆更多更好地开展儿童阅读推广，才能实现普遍均等的儿童阅读服务的目标。为此，上海少年儿童图书馆决定在做好本馆少年儿童阅读服务的同时，还要总结、梳理与传播图书馆少年儿童阅读推广理论与实践知识，承担起全市图书馆少年儿童阅读推广的行业引领和业务指导职能。这一想法与国家社会科学重大项目《图书馆阅读推广理论与实践研究》课题组一拍即合，双方共同成立“少年儿童图书馆阅读推广制度建设：上海地区儿童图书馆阅读推广服务指南”子项目组，探讨图书馆儿童阅读推广制度的理论与实践问题，并编制“上海地区儿童图书馆阅读推广服务指南（系列）”。

图书馆行业组织或中心图书馆研制、发布指南性文件，规范和引领图书馆服务，是国际图书馆界最普遍的做法。我国近年图书馆行业制度建设在国际上处于领先地位，发布了《中华人民共和国公共图书馆法》《公共图书馆服务规范》《公共图书馆少年儿童服务规范》等一系列制度文件。但图书馆行业组织或中心图书馆的制度文件却十分缺乏。特别是对于新兴的图书馆阅读推广，国内外相关制度文件更是十分缺乏。据调研，“上海地区儿童图书馆阅读推广服务指南（系列）”不但是上海地区图书馆行业发布的首份指南性文件，也是国内乃至国际上首份少儿图书馆阅读推广系列指南文件。

少年儿童图书馆的服务具有分级服务的特点，阅读推广服务中这一特点更加突出，因此儿童阅读推广指南必须分级。“上海地区儿童图书馆阅读推广服务指南（系列）”共包括4份指南:《上海地区婴幼儿阅读推广服务指南（0—3岁）》《上海地区儿童阅读推广服务指南（3—13岁）》《上海地区青少年阅读推广服务指南（13—18岁）》《上海地区特殊儿童阅读推广服务指南》。它涵盖了目前我国图书馆较为正式的阅读推广项目47项，对每项活动的服务对象、活动定义、人员安排、组织策划和适用范围都作了简要的说明。该指南发布后，无论是资深阅读推广人还是初次接触阅读推广的新人，都能参照该指南丰富和深化图书馆少年儿童的阅读推广活动，推动我市图书馆少年儿童阅读推广朝着优质、高效、安全的方向发展。

由于图书馆少年儿童阅读推广仍在迅速发展中，大量活动缺乏科学精准的评估，本指南也难免存在各种不足。我们非常乐于听到各方面专家的意见和建议，不断完善该指南。

范并思

2023 年 4 月

上海地区婴幼儿阅读推广服务指南
（0—3岁）

引 言

为指导和帮助上海地区各级公共图书馆开展高质量婴幼儿阅读推广服务，现制定上海公共图书馆婴幼儿阅读推广服务指南。

《中华人民共和国公共图书馆法》[1]中提出“图书馆应当将推动、引导、服务全民阅读作为重要任务”“儿童是国家的未来、民族的希望”。国际图联（IFLA）颁布的《婴幼儿图书馆服务指南》强调“婴幼儿拥有自由获取公共图书馆信息与服务的权利[2]”。营造一个阅读环境对婴幼儿的早期阅读培养起到关键性的作用，有助于提高婴幼儿的语言能力。婴幼儿阶段是成长发展迅速期，该阶段的行为逐步开始具有认知和社会外倾性，喜欢用感官体验来探索外部环境，对书本的认知更多是通过肢体接触的探索，如撕书、咬书等。色彩鲜艳或者造型有趣的图书更容易吸引他们的注意力。同时，早期家庭教育是该阶段最好的启蒙教育，为了帮助父母更好地进行家庭教育，各类亲子活动或阅读活动就显得尤为重要，尤其是在亲子阅读中，陪伴的方式将直接影响幼儿对书籍的第一感知。图书馆提供舒适的环境供婴幼儿参与阅读，并指导婴幼儿父母采取正确的伴读方式。

上海作为国际化大都市，始终注重公共基础服务建设。上海市发改委在《上海市基本公共服务实施标准（2023 年版）》的“阅读服务”项目中明确规定：“全市公共图书馆每年举办讲座、展览、各类读书活动不少于 1.2 万场次[3]。”作为少年儿童图书馆领域的重要规范性文件，《公共图书馆少年儿童服务规范》中更是对区域性的阅读推广的活动场次进行了规定，要求“年万人开展读者活动场次不低于 0.4（计算方法：年读者活动场次 / 服务人口 /10000）”，从而更好地保证了各省市区域少年儿童图书馆或公共图书馆中的少儿部对本馆服务区域的读者开展阅读推广活动[4]。各级政府每年会对公共图书馆进行评估，在《公共图书馆评估指标第 3 部分：省、市、县级少年儿童图书馆》中，对于少年儿童图书馆进行分级书目推荐、分级分年龄段读者活动的内容、场次、方法、效果等，均有对应指标考核[5]。

本指南涵盖 0—3 岁婴幼儿阅读推广的服务资源、服务内容、服务空间、服务宣传、服务评估、服务案例等内容。

本指南可作为各级公共图书馆馆员、图书馆管理者和决策者以及图书馆学情报学等学科的教学读本，适用于上海市行政区域内的公共图书馆，包括市级图书馆、区（县）图书馆和街道（乡、镇）图书馆。

第一部分　总则

1.1　使命和目的

1.1.1　使命

图书馆通过各种形式提供丰富的阅读资源和阅读服务，让婴幼儿在监护人的陪伴下体验阅读的乐趣，满足婴幼儿获取图书馆信息的需求。监护人可充分使用图书馆，通过各类阅读推广活动，培养儿童的阅读兴趣和良好的阅读习惯。

1.1.2　目的

- 满足婴幼儿使用图书馆资源和获取信息的需要；
- 促进婴幼儿语言能力、思维能力、阅读能力、想象力等的发展；
- 激发婴幼儿探索知识的欲望，感受阅读的乐趣；
- 培养婴幼儿早期阅读的习惯；
- 运用图书馆资源，为婴幼儿及其家长、看护人以及与婴幼儿工作相关的人员提供丰富的阅读资源和阅读指导培训；
- 帮助婴幼儿及其家长融入社区，为他们提供交流、沟通和分享的场所。

1.2　目标人群

1.2.1　目标群体

婴幼儿（3 岁以下），监护人，看护人（如儿童保育员、日间看护人员），教育者，健康护理专员，其他从事与儿童、书籍及媒体工作相关的人员。

1.2.2　人群特征

0—3 岁是人的大脑发育最迅速的时期。这段时期的婴幼儿追求感官体验，通过知觉、动作等基本感官体验建立对外部世界的认知，对阅读的需求从本能出发，特别喜欢翻书和撕书，尤其是带开关的纸板书、玩具书。父母可以选择一些内容简单、色彩鲜艳、适合亲子共读的图画书和儿歌。

第二部分　服务资源

2.1　文献信息资源

上海各级公共图书馆应提供不同年龄段儿童阅读推广资料和服务。图书馆资源分为实体资源和数字资源。实体资源包括图书、报纸杂志、CD 等。如 0—3 个月的婴幼儿需要视觉和声觉的刺激，可以选择黑白闪卡的绘本和发声绘本；3—6 个月婴幼儿可选择大面积色块的绘本、布书、触觉书等；6—9 个月婴幼儿可以选择有细节图形的绘本、洞洞书、翻翻书等；9—12 个月婴幼儿可以使用镂空绘本和发声绘本。数字资源包括但不限于电子书籍、影音资料和教育资源数据库等。公共图书馆应在确保实体资源的同时，保证数字资源的品种和数量。图书馆之间还可以开展资源共建共享，促进资源合理利用，实现文化共享。

上海各级公共图书馆应收藏相应数量的少年儿童馆藏资源。除独立建制的少年儿童图书馆外，省级公共图书馆少年儿童馆藏资源年新增总量应不低于馆藏资源年新增总量的 10%，市、县（区）级公共图书馆少年儿童馆藏资源年新增总量不低于馆藏资源年新增总量的15%[4]。

上海各级公共图书馆馆藏资源配置应遵循婴幼儿、儿童、青少年分级服务的原则，符合各年龄段少年儿童特点，满足当代少年儿童阅读需求。文献种类应多样，除当地图书文献、国内图书文献，还应配备外文文献资源。

2.2 场地设施设备

上海地区公共图书馆应结合自身资源和条件，给婴幼儿及其父母、看护人提供一个安全、舒适的场所，设立相对独立的阅览及活动空间。空间内地面舒适、色彩明快、照明充分、隔音通风条件良好、如厕方便。服务标识、设备标识、安全标识易于识别，安全防范设置完善[4]。提供安静清洁的益智玩具、符合婴幼儿友好尺寸的家具、可供孩子们在地上玩耍的干净环境（如地毯、软垫等）。有条件的图书馆还应配备专门的护理空间（如母婴室、尿布台等）、家庭式洗手间或全性别洗手间。

图书馆应提供婴幼儿家长或看护人使用的各类多媒体应用设备，如台式电脑、笔记本、平板电脑、触屏设备、试听设备等，并配备网络宽带服务，促进阅读推广。同时，图书馆需安装网络监管系统来维护网络安全，维护身心健康。

2.3 财政资源

各级图书馆的经费分别由相关的财政拨付，应当根据国民经济和公共图书馆事业的发展，逐年有所增加。上海各级公共图书馆应为婴幼儿读者的阅读推广留一定比例的专项服务费用，根据现有资源和服务能力确定可开展的阅读推广活动。

2.4 阅读推广人

2.4.1 人员数量

上海公共图书馆0—3岁婴幼儿阅读推广人数的确定应以该图书馆所在区域服务的婴幼儿人口数为依据，同时综合各馆的馆舍规模、馆藏资源、服务时间、服务范围、活动内容等因素确定人数。每次婴幼儿阅读推广活动至少配有1名专业馆员。

2.4.2 人员要求

上海公共图书馆0—3岁婴幼儿阅读推广人需要有专业的资质和相应的经验，不仅是婴幼儿早期阅读推广的引路人，也是家长和学者的教育指导者。因此，阅读推广人要不断提升自身的业务能力水平，需要定期参与少年儿童服务、图书推广等知识培训，年接受培训时间不低于100学时/人。0—3岁婴幼儿阅读推广人应具备婴幼儿生理、心理发展和早期教育的相关知识，了解他们的认知发展特点和阅读需求，掌握该阶段的阅读推广方式。

2.4.3 人员组成

上海公共图书馆婴幼儿阅读推广人员包括公共图书馆馆员、具备婴幼儿教育或阅读推广经验和知识的专家学者、志愿者等，帮助公共图书馆共同推动图书馆阅读活动。

第三部分　服务内容

3.1　故事活动

【对象】

2—3 岁婴幼儿及其家长。

【定义】

根据 2—3 岁婴幼儿的身心、语言发展特征，通过讲解和描述故事、阅读图画书（也称绘本），带领婴幼儿感受和体验阅读的乐趣，促进儿童的早期发展，也为增进亲子关系提供机会。

【人员安排】

故事活动需要配备一名专业的故事人，一名专业馆员或若干志愿者协助活动执行、维护现场秩序。

【组织策划】

活动策划：故事人需要事先寻找适合婴幼儿生理阶段和认知特征的故事，准备好讲故事所用的图画书，通常是互动性强、适合开展游戏、颜色鲜艳、色块清晰的图画书，并准备好故事活动中所需的音视频资料、玩具、手工等辅助用品，认真检查活动场地、出入通道和设施设备的安全性，布置好宣传图文和导引标识。

活动实施：每场故事活动一般讲述一个完整的故事，或系列故事中相对完整的部分。讲述时还应包括适合婴幼儿的开头问候、肢体活动、欢送曲目、手工等内容。活动中可利用玩具、玩偶、游戏等方式增强活动的互动性，或进行适当的提问，通过视线建立接触、语言提示以提高婴幼儿注意力的持久性。

活动时间：每次故事活动的时间为 15—30 分钟。

活动反馈：向参与者发放问卷调查收集反馈，也可根据参与者人数进行访谈或抽样访谈，注意收集他们对图书馆及活动的评价，以及其他需求。对于在活动中表现积极或主动寻找沟通与帮助的家长，可以由图书馆馆员保持长期联系，进行长期帮助并做好儿童成长追踪。

【适用范围】

适用于上海市级少年儿童图书馆，市级、区级和街镇公共图书馆。其他开展婴幼儿故事活动的图书馆可参照执行。

3.2　童谣活动

【对象】

6 个月—3 岁的幼儿及其家长。

【定义】

活动以童谣为主题，旨在推广童谣绘本，推动亲子阅读；

同时通过听、讲、演、唱、玩等形式，培养小朋友们的阅读兴趣，让他们爱上阅读。根据婴幼儿的年龄层，选择不同的音乐、童谣等方式，促进婴幼儿发展。

【人员安排】

婴幼儿童谣活动通常由图书馆馆员或专业阅读推广人充当主导人。一名专业馆员或若干志愿者协助活动执行、维护现场秩序。

【组织策划】

活动策划：歌谣活动挑选适合婴幼儿的童谣，尤其是韵律简单、朗朗上口的曲目，可以锻炼婴幼儿的听力和记忆力，也可以帮助婴幼儿练习发音。比如一些针对各个月龄的婴幼儿习惯养成的儿歌，如关于吃饭、穿衣、洗澡等，贴近婴幼儿的生活，好记又好玩。同时要准备好童谣活动中所需的音视频资料、玩具、手工等辅助用品，认真检查活动场地、出入通道和设施设备的安全性，布置好宣传图文和导引标识。

活动实施：每场歌谣活动一般教演一首完整曲目。活动中可配合简易的舞蹈，如身体摆动或手势舞蹈等方式增强活动的互动性，并通过视线建立接触、语言提示以提高婴幼儿注意力的持久性。教师在组织童谣活动时，要注重集体示范和对家庭的个别指导。教师集体演示后，应留出充足时间供看护人与婴幼儿进行练习。过程中，教师要加强对每个家庭的观察和支持。家长们可现场分享自己印象深刻的童谣和与之相关的美好回忆。

活动时间：每次童谣活动的时间为 15—30 分钟。

活动反馈：向参与者发放问卷调查收集反馈，也可根据参与者人数进行访谈或抽样访谈，注意收集他们对图书馆及活动的评价，以及其他需求。对于在活动中表现积极或主动寻找沟通与帮助的家长，可以由图书馆馆员与其保持长期联系，进行长期帮助并做好儿童成长追踪。

【适用范围】

适用于上海市级少年儿童图书馆，市级、区级和街镇公共图书馆。其他开展婴幼儿童谣活动的图书馆可参照执行。

3.3 阅读大礼包活动

【对象】

0—3 岁的婴幼儿及其父母。

【定义】

制作并发放阅读指导包，拍摄阅读指导示范视频，以及开展家庭阅读指导师培训、深入社区的阅读活动、领包家庭追踪评估等。

【人员安排】

由专业阅读推广人、儿童教育专家、心理学家等共同策划，政府出资、图书馆专业运营、专业出版单位赞助读物、志愿者队伍开展活动。

【组织策划】

活动策划：通过“推荐读物 + 指导讲座 + 阅读活动 + 培训课程 + 交流平台”的方式，将“家庭”作为低幼儿童早期阅读开展的主要场所。专家共同研制并发放 0—3 岁婴幼儿家庭阅读指导包，其中面向婴幼儿的是特色读物（包括黑白卡、触摸书、翻翻书、洞洞书、纸板书等多种形式）、玩具、线下故事会活动等；面向家长的主要是阅读包使用指南、推荐书目、亲子阅读父母指导用书、家庭阅读指导师培训课程、图书馆宣传资料、家庭交流共育平台等。

活动反馈：向参与者发放问卷调查收集反馈，也可根据参与者人数进行访谈或抽样访谈，注意收集他们对图书馆及活动的评价，以及其他需求。对于在活动中表现积极或主动寻找沟通与帮助的家长，可以由图书馆馆员与其保持长期联系，进行长期帮助并做好儿童成长追踪。

【适用范围】

适用于上海市级少年儿童图书馆，市级、区级和街镇公共图书馆。其他开展婴幼儿活动的图书馆可参照执行。

3.4 感统训练活动

【对象】

6 个月—3 岁婴幼儿及其家长。

【定义】

活动根据不同月龄婴幼儿的生理、心理发育特点，设置不同特性的素材，让婴幼儿通过“玩”绘本近距离接触书本，接触阅读，进行感统训练。促进幼儿的大动作和精细动作、语言认知、思维及创造力的发展。

【人员安排】

绘本感统训练活动通常由图书馆馆员或专业阅读推广人充当主导人。一名专业馆员或若干志愿者协助活动执行、维护现场秩序。

【组织策划】

活动策划：根据不同月龄的婴幼儿选择不同种类的绘本。如 0—3 个月的婴幼儿更需要是视觉和声觉的刺激，可以选择黑白闪卡的绘本和发声绘本；3—6 个月婴幼儿可选择大面积色块的绘本、布书、触觉书等；6—9 个月婴幼儿可以选择有细节图形的绘本、洞洞书、翻翻书等；9—12 个月婴幼儿可以使用镂空绘本和发声绘本。活动开始前需提前准备好活动中所需的辅助用品，认真检查活动场地、出入通道和设施设备的安全性，布置好宣传图文和导引标识。

活动实施：搭建一个婴幼儿友好的活动空间，每场绘本游戏活动可以制定一个活动目标。让婴幼儿在老师的引导下和绘本进行“互动”。活动过程中对婴幼儿以鼓励为主，利用绘本特性增强活动的互动性，或进行适当的提问，通过视线建立接触、语言提示以提高婴幼儿注意力的持久性。

活动时间：每次绘本感统训练活动的时间为 15—30 分钟。

活动反馈：向参与者发放问卷调查收集反馈，也可根据参与者人数进行访谈或抽样访谈，收集他们对图书馆及活动的评价，以及其他需求。对于在活动中表现积极或主动寻找沟通与帮助的家长，可以由图书馆馆员与其保持长期联系，进行长期帮助并做好儿童成长追踪。

【适用范围】

适用于上海市级少年儿童图书馆，市级、区级和街镇公共图书馆。其他开展婴幼儿活动的图书馆可参照执行。

3.5 表演活动

【对象】

2—3 岁的婴幼儿及其父母。

【定义】

以绘本故事为载体，将故事的情节、内容用各类型的表演形式呈现，让婴幼儿在观看或者参与表演的过程中，培养表演的欲望，增强对艺术的热爱，激发幼儿参与阅读活动的兴趣。

【人员安排】

通常由图书馆馆员、专业阅读推广人或表演者充当主导人。

一名专业馆员或若干志愿者协助活动执行、维护现场秩序。

【组织策划】

活动策划：考虑到幼儿的年龄特点，选择合适的、可以改编成剧本的绘本。准备好表演活动中所需的音视频资料、玩具、手工等辅助用品，认真检查活动场地、出入通道和设施设备的安全性，布置好宣传图文和导引标识。

活动实施：主讲人带领幼儿一起读绘本时，用形象的语言和表情、动作去表现绘本故事中的人物特点和情节发展。围绕故事中的人和事展开进一步的讨论、分析、猜测和想象。鼓励家长带领孩子结合自身的生活经验和情感体验，模仿或创编更丰富的情景，可以运用音乐、舞蹈、节拍等元素，用语言或身体动作去表达对绘本故事的理解。

活动时间：15—30分钟。

活动反馈：向参与者发放问卷调查收集反馈，也可根据参与者人数进行访谈或抽样访谈，注意收集他们对图书馆及活动的评价，以及其他需求。对于在活动中表现积极或主动寻找沟通与帮助的家长，可以由图书馆馆员保持长期联系，进行长期帮助并做好儿童成长追踪。

【适用范围】

适用于上海市级少年儿童图书馆，市级、区级和街镇公共图书馆。其他开展婴幼儿活动的图书馆可参照执行。

3.6　手指操游戏活动

【对象】

2—3 岁婴幼儿及其家长。

【定义】

活动将婴幼儿早期阅读相关的儿歌、童谣、古诗、顺口溜等与手指操相结合，引导婴幼儿尝试跟随阅读内容和节奏韵律摇摆手指，从而促进婴幼儿的语言发展、动手能力、大脑发育和协调能力等。

【人员安排】

手指操游戏活动通常由图书馆馆员、专业阅读推广人充当主导人。一名专业馆员或若干志愿者协助活动执行、维护现场秩序。

【组织策划】

活动策划：确定手指操游戏活动主题，选择适合 2—3 岁婴幼儿的阅读故事。可以是儿歌、童谣、古诗、顺口溜等，应朗朗上口，简单易懂。活动开始前需提前准备好活动中所需的辅助用品，认真检查活动场地、出入通道和设施设备的安全性，布置好宣传图文和导引标识。

活动实施：搭建一个婴幼儿友好的活动空间，每场活动可以制定一个活动目标。通过音视频、绘本或图片等形式向婴幼儿展示阅读内容。跟随阅读内容多次示范手指操后，邀请家长共同帮助婴幼儿跟着节奏做手指操，增加婴幼儿的互动体验。在活动过程中对婴幼儿以鼓励为主，可利用玩具、玩偶、游戏等方式增强活动的互动性，或进行适当的提问，通过视线建立接触、语言提示以提高婴幼儿注意力的持久性。

活动时间：每次手指操游戏活动的时间为15—30分钟。

活动反馈：向参与者发放问卷调查收集反馈，也可根据参与者人数进行访谈或抽样访谈，注意收集他们对图书馆及活动的评价，以及其他需求。对于在活动中表现积极或主动寻找沟通与帮助的家长，可以由图书馆馆员与其保持长期联系，进行长期帮助并做好儿童成长追踪。

【适用范围】

适用于上海市级少年儿童图书馆，市级、区级和街镇公共图书馆。其他开展婴幼儿活动的图书馆可参照执行。

3.7 建构活动

【对象】

2—3岁的婴幼儿及其家长。

【定义】

活动将幼儿早期阅读和建构活动有效融合，引导幼儿和家长结合绘本、故事书、儿歌等进行建构，优化早期阅读的过程，强化幼儿的活动体验，培养创造思维，激发阅读兴趣。

【人员安排】

建构活动通常由图书馆馆员、专业阅读推广人充当主导人。一名专业馆员或若干志愿者协助活动执行、维护现场秩序。

【组织策划】

活动策划：确定建构主题，选择适合2—3岁婴幼儿的绘本、故事书或儿歌等。针对幼儿的建构活动，提前准备好活动中所需的辅助用品，认真检查活动场地、出入通道和设施设备的安全性，布置好宣传图文和导引标识。

活动实施：在建构活动前，向家长和孩子阅读内容，通过讲解、适当提问和分析，引导孩子观察绘本、故事书里所描述的场景、细节，或者是儿歌的歌词。孩子和家长根据自己的理解，利用积木、拼图等建构活动材料共同将情景展示出来，并且按照情节的发展增加或者改进搭建物，最终完成一组结构多样的作品群。

活动时间：每次建构活动时间为15—30分钟。

活动反馈：向参与者发放问卷调查收集反馈，也可根据参与者人数进行访谈或抽样访谈，收集他们对图书馆及活动的评价，以及其他需求。对于在活动中表现积极或主动寻找沟通与帮助的家长，可以由图书馆馆员与其保持长期联系，进行长期帮助并做好儿童成长追踪。

【适用范围】

适用于上海市级少年儿童图书馆，市级、区级和街镇公共图书馆。其他开展婴幼儿活动的图书馆可参照执行。

3.8 公益性讲座

【对象】

婴幼儿（0—3 岁）的监护人，孕产妇，看护人（如儿童保育员、日间看护人员），教育者，健康护理专员，其他从事与儿童教育、阅读推广及媒体工作相关的人员。

【定义】

通过邀请专家、学者等，针对某一主题传授相关知识，结合多媒体等馆内资源开展讲座。针对婴幼儿的生理和心理发展特点，帮助参与者了解早期婴幼儿阅读的教育方法，培养婴幼儿的阅读兴趣和良好的阅读习惯。

【人员安排】

每次讲座需要配备至少有一名专业讲师，一名专业馆员做场记，若干志愿者协助指引活动地点、维护现场秩序。

【组织策划】

活动策划：公益讲座主题不限，主要围绕育儿知识科普、早期家庭教育理念渗透、心理健康指导等方面开展。前期策划时需确定讲座目的、主题和内容，提前安排活动的场地、设备、人员等。讲座需一个安全的、温馨的空间，如培训教室或报告厅，配有讲台、投影、培训资料，讲师电脑需安装录屏软件或直播软件用于录制讲座过程。

活动实施：建议采用线下讲座、线上指导相结合的方式，现场设置提问交流环节，让参与者的问题能够得到解答，便于其在实际案例中进行育儿和阅读指导，并录制成视频存档。这样既节约资源，也方便未能参与的家长学习，又是非常好的专题指导资料。

活动反馈：结束后向参与者发放问卷调查收集反馈，也可根据参与者人数进行访谈或抽样访谈，收集他们对图书馆、活动的评价，以及其他需求。对于在活动中表现积极或主动寻找沟通与帮助的家长，可以由图书馆馆员与其保持长期联系，进行长期帮助并做好儿童成长追踪。

【适用范围】

适用于上海市级少年儿童图书馆，市级、区级和街镇公共图书馆。其他开展婴幼儿方面讲座的图书馆可参照执行。

3.9 阅读指导和培训服务

【对象】

婴幼儿（3 岁以下）的监护人，看护人（如儿童保育员、日间看护人员），教育者，健康护理专员，其他从事与儿童教育、阅读推广及媒体工作相关的人员。

【定义】

图书馆为婴幼儿监护人、看护人、教育者、阅读推广人等提供相关培训服务，开展针对性阅读指导。

【人员安排】

每次活动需要配备至少有一名专业讲师，一名专业馆员做场记，若干志愿者协助指引活动地点、维护现场秩序。

【组织策划】

活动策划：阅读指导和培训服务主要围绕育儿知识科普、家庭教育方式、阅读指导、心理健康指导等方面开展。前期策划时，可以通过专家论证确定活动目的、主题和内容，提前安排活动的场地、设备、人员等。根据培训的内容，安排一个安全的、温馨的空间，如培训教室或报告厅，配有讲台、投影、培训资料，讲师电脑需安装录屏软件或直播软件用于录制培训过程。

活动实施：建议采用线下培训、线上指导相结合的方式，向参与者发放培训资料。现场设置提问交流环节，让参与者的问题能够得到解答，便于其在实际案例中进行育儿和阅读指导，并录制成视频存档，既节约资源，也方便未能参与的家长学习，又是非常好的专题指导资料。

活动反馈：培训结束后向参与者发放问卷调查收集反馈，也可根据参与者人数进行访谈或抽样访谈，收集他们对图书馆、活动的评价，以及其他需求。对于在活动中表现积极或主动寻找沟通与帮助的家长，可以由图书馆馆员与其保持长期联系，进行长期帮助并做好儿童成长追踪。

【适用范围】

适用于上海市级少年儿童图书馆，市级、区级和街镇公共图书馆。其他开展婴幼儿方面阅读指导和培训服务的图书馆可参照执行。

3.10　孕妈妈读书会活动

【对象】

孕妈妈及其家属。

【定义】

图书馆为孕妈妈及其家属等开展故事会活动，传授阅读经验，互动交流、分享阅读心得，鼓励广大孕妈妈在孕期多读书，在读书中享受精神的愉悦，推动妈妈阅读和亲子阅读。

【人员安排】

每次活动需要配备至少有一名专业讲师，一名专业馆员做场记，若干志愿者协助指引活动地点、维护现场秩序。

【组织策划】

活动策划：首先确定活动目的、主题和内容，提前安排活动的场地、设备、人员等。根据活动的内容，安排一个安全的、温馨的空间，如培训教室或报告厅，配有讲台、投影。

活动实施：主讲人带领参与的孕妈妈一起读书，传授自己的读书感受，鼓励孕妈妈多读一些文学作品。选择书籍时最好挑选一些比较轻松、幽默且能带来正能量的书籍。现场设置互动交流环节，让孕妈妈们相互交流，相互学习，分享彼此的阅读心得。

活动反馈：培训结束后向参与者发放问卷调查收集反馈，也可根据参与者人数进行访谈或抽样访谈，收集他们对图书馆、活动的评价，以及其他需求。对于在活动中表现积极或主动寻找沟通与帮助的家长，可以由图书馆馆员与其保持长期联系，进行长期帮助并做好儿童成长追踪。

【适用范围】

适用于上海市级少年儿童图书馆，市级、区级和街镇公共图书馆。其他开展孕妈妈读书会活动的图书馆可参照执行。

第四部分　服务空间

4.1　总体布局

公共图书馆建筑功能总体布局应为少年儿童设置相对独立的阅览及活动空间，设置单独的出入口。公共图书馆的少年儿童服务面积应不低于总服务面积的10%。少年儿童空间应该易于识别且与图书馆的其他部分相区别。建筑空间做到分区明确、布局合理、出入便利、使用安全、易于管理、无障碍化。馆藏区、展示区、阅览区的空间需充足。另设有专门的活动空间可以灵活安排各种类型的活动，例如个人浏览或学习，家庭或青少年团体社交；讲故事、婴幼儿童谣时间、家庭作业俱乐部和作家演讲等大型活动。空间内地面舒适、色彩明快、照明充分、隔音通风、如厕方便。服务标识、设备标识、安全标识易于识别，安全防范设置完善。有条件的图书馆应设置母婴服务区、少年儿童室外活动场地和特殊儿童阅览室[4]。还可以设置外文阅览区，为双语或多语种家庭提供会面、交流、阅读的空间。

4.2 家具设备

4.2.1 安全性

家具设备应当坚固耐磨，能承受高强度的使用，易于维修，环保安全，符合少年儿童人体工程力学标准，并且符合《儿童家具通用技术条件》GB28007-2011 的规定[4]。

4.2.2 适宜性

家具应尽量舒适、美观、休闲，营造宽松安静的氛围。座椅可结合人体工学要求，按年龄划分高度、大小。照明设计应满足阅读照明需求和节能减排的要求，自然光和内部照明技术相结合，为阅读空间、学习空间和活动空间提供不同的照明等级。

4.2.3 便利性

摆放书籍的书架应能展示不同的媒介资源，不同高度的书架适用于相应年龄段的儿童和成年人，并动态地进行馆藏管理和展示。定期改变空间布局，扩大读者的选择范围，方便书籍的获取。

4.2.4 灵活性

针对婴幼儿，可以考虑设计地面上的阅读，在温馨的、适合亲子阅读的区域投放地毯、软垫等，增设游戏友好型桌椅，满足亲子阅读、故事会、互动游戏等需求。

4.3　标识

儿童图书馆的标识是与用户交流的重要组成部分。使用诸如象形图等视觉或文本标志为儿童指示可获得的资源，应该成为一个显著的设计特色。导引标识应标明区域划分（如阅览区域、活动区域、办公区域），醒目清晰，图文结合，易于少年儿童识别，可采用双语或多语对照。文献排架标识应简单直观，方便少年儿童观察和使用。宣传标识应充满童趣，生动活泼，易理解，对少年儿童具有吸引力。还应设有无障碍通行专用标识。

4.4　空间要求

婴幼儿空间要求是安全舒适、有吸引力、没有威胁感、无障碍的，提供安全清洁的益智玩具、符合婴幼儿友好尺寸的家具、可供孩子们在地上玩耍的干净环境。设立专门的护理空间（如母婴室、尿布台等）、家庭式洗手间或全性别洗手间。为婴幼儿父母或看护人提供座席，方便与孩子一起进行互动。整体装饰色彩鲜艳、照明良好，家具和书架的尖角处采取保护措施，电子插座加设保护罩，创造安全和无障碍的环境。少儿图书馆应该满足婴幼儿的求知欲、感观和读写需求。在图书馆场地允许的条件下，可以为婴幼儿及其父母和看护人提供音乐、故事、游戏、戏剧、表演的场地，提供手工劳动的实践场所及开展科学、人文知识启蒙的教育基地等。同时，还应为父母和少儿服务行业的从业者提供培训机会和场地。

第五部分　服务宣传

5.1　阅读推广宣传内容

（1）宣传活动内容应符合婴幼儿的年龄特点，满足婴幼儿及家长的兴趣。

（2）宣传内容上应醒目标明参与活动的婴幼儿至少需一名监护人全程陪同。

（3）宣传内容应符合婴幼儿及其家长的接受水平，图片或音视频资料为主，文字为辅，内容应通俗易懂，富有童趣。一般包括活动的品牌文化、活动宗旨、主要内容、活动口号、活动目标等，其主要形式有新闻稿、现场报道、采访、专题等。

（4）活动信息宣传要做到事前有预告，事中有进展报道，事后有总结回顾。

5.2　阅读推广宣传形式

公共图书馆可采取独立宣传，或通过与其他图书馆、幼儿园、社会机构组织等共同推广宣传。

（1）线下推广包括但不限于活动现场海报、广告牌、宣传册、宣传片、内部刊物、报纸杂志等进行宣传。

（2）线上推广包括但不限于官方网页、微信公众号、自媒体等平台进行宣传。

第六部分　服务评估

6.1　服务评估的定义及目的

评估即是对图书馆服务或设施的效益、效率、利用率和相关性的评价过程。服务评估是图书馆服务的一个基本且重要的组成部分，也是图书馆规划中的关键环节。通过收集和分析适当的数据和证据，服务评估可作为改进活动和服务、沟通决策的重要手段。

对图书馆儿童阅读推广活动进行评价有助于了解这些服务和活动是否满足当地社群儿童的实际需求，有助于进一步优化阅读推广活动的互动形式，有助于提升馆员的综合业务能力，有助于充分发挥图书馆的文化教育功能，进而在社区营造更为浓厚的阅读氛围。

6.2　服务评估的内容

服务评估是活动管理流程中很重要的一环，一方面是上级主管部门的评估，另一方面本馆在专业性上的评估，在此主要谈论后者。在制定婴幼儿阅读推广活动评估计划时，需要考虑以下问题：

（1）需要对哪些内容进行评估？（示例如下，适用于婴幼儿的阅读推广活动，综合多因子进行定量/定性分析，根据实际情况进行调整。）

（2）需要采集什么形式的被评估样本？

（3）实施评估的最佳时间段？

（4）采用何种标准来评估活动效果？怎样的评估结果被认为是成功的活动？

（5）评估标准将随着时代发展如何发生变化？

（6）评估结果将如何影响活动策略的变化？

6.3 读者评价的获取

（1）现场评估：通过与小读者及家长的现场互动了解活动效果；活动结束后通过问卷调查、当面访问、留言墙等方式了解读者们的意见和建议。

（2）电话回访：通过与参与活动的小读者及家长的电话沟通，了解读者对于活动内容、活动形式、活动效果、活动偏好等的反馈。

（3）线上评估：做好活动预估，采用线上问卷调查、评论留言等形式，系统化整理反馈数据，建立活动受众的“人物画像”，进一步了解读者偏好与需求。

6.4 服务评估结果的反馈

对图书馆阅读推广活动的评估让我们有机会更好地了解社群需求，进而策划更具互动性、更有影响力的图书馆活动。归纳活动评估结果旨在积累经验、推陈出新。在此过程中，我们需要时刻思考以下问题：

（1）本期活动的开展达到我们最初设定的目标了吗？

（2）本期活动的流程是否适用同系列的活动？该活动流程是否需要优化？

（3）活动受众范围是否需要扩大或缩小？

（4）如何在活动过程中加入 / 增加评估因素？

（5）评估标准是否需要根据不同活动形式进行相应的调整？

（6）如何更高效地对服务评估结果进行分析？

综上，对服务评估结果的归纳及分析在婴幼儿阅读推广活动中是不容忽视的一环；但与此同时，活动策划过程不能被评估模式、评估结果禁锢思维，在考虑读者需求的同时，也要顺应时代与技术的发展，为读者“创造需求”，打造更具图书馆特色、融合新兴技术、展现时代风采的婴幼儿阅读推广活动。

参考文献

［1］全国人大常委会．中华人民共和国公共图书馆法［EB/OL］．［2017-11-05］．http://www.gov.cn/xinwen/2017-11/05/content_5237326.htm.

［2］IFLA Libraries for Children and Young Adults Section. Guidelines for Library Services to Babies and Toddlers［EB/OL］．［2007-10］．https://repository.ifla.org/handle/123456789/569.

［3］上海市发展和改革委员会．上海市基本公共服务实施标准（2023 年版）［EB/OL］．［2023-12-29］.http://fgw.sh.gov.cn/fgw_shfz/20231229/1205a1be7c714133be243a410f1a7630.html.

［4］GB/T 36720-2018. 公共图书馆少年儿童服务规范［S］．2018.

［5］WH/T 70.3—2020. 公共图书馆评估指标第 3 部分：省、市、县级少年儿童图书馆［S］．2020.

［6］国务院．中国儿童发展纲要（2021—2030）［EB/OL］．［2021-09-27］．http://www.gov.cn/zhengce/content/2021-09/27/content_5639412.htm.

上海地区儿童阅读推广服务指南
（3—13 岁）

引　言

本指南旨在为上海地区少年儿童图书馆或公共图书馆少儿馆开展高质量的儿童阅读推广服务提供参考。

自2014年以来，“全民阅读”已连续第十年被写入政府工作报告。公共图书馆是建设书香社会的主力军，也是文化发展的前沿阵地，肩负着大力推广全民阅读的重要使命。《中华人民共和国公共图书馆法》第三条规定：“公共图书馆是社会主义公共文化服务体系的重要组成部分，应当将推动、引导、服务全民阅读作为重要任务[1]。”推进全民阅读，要从娃娃抓起。儿童阅读是全民阅读的基础，更是整个国家阅读的起点。培养能担当民族复兴大任的时代新人，少年儿童的精神哺育是至关重要的一个环节。国际图联与联合国教科文组织联合发布的《公共图书馆宣言2022》强调，应“培养并加强儿童从出生到成年时期的阅读习惯[2]”。《中华人民共和国公共图书馆法》第三十四条指出：“政府设立的公共图书馆应当设置少年儿童阅览区域，根据少年儿童的特点配备相应的专业人员，开展面向少年儿童的阅读指导和社会教育活动[1]。”《中国儿童发展纲要2021—2030》

也提出，要“坚持儿童优先原则”，要“加强亲子阅读指导，培养儿童良好阅读习惯，分年龄段推荐优秀儿童书目，完善儿童社区阅读场所和功能，鼓励社区图书室设立亲子阅读区[3]”。由此可见，公共图书馆开展高质量的儿童阅读推广服务已成为社会各界的共识。

上海作为国际化大都市，始终注重公共文化服务建设。上海市人民政府在2022年印发的《上海市儿童友好城市建设实施方案》中指出：“加强儿童友好城市公共空间建设。推进公共图书馆等各类服务设施和场地适儿化改造[4]。”上海市发改委在《上海市基本公共服务实施标准（2023年版）》的“阅读服务”项目中明确规定：“全市公共图书馆每年举办讲座、展览、各类读书活动不少于1.2万场次[5]。”作为少年儿童图书馆领域的重要规范性文件,《公共图书馆少年儿童服务规范》中更是对区域性的阅读推广的活动场次进行了规定，要求“年万人开展读者活动场次不低于0.4（计算方法：年读者活动场次 / 服务人口 / 10000）[6]”。各级政府每年会对公共图书馆进行评估，在《公共图书馆评估指标第3部分：省、市、县级少年儿童图书馆》中，对于少年儿童图书馆进行分级书目推荐、分级分年龄段读者活动的内容、场次、方法、效果等，均有对应指标考核[7]。

儿童成长各阶段具有不同的特点。相关调查结果显示，3—6岁是培养儿童良好行为习惯的关键时期，7—13岁则是其阅读能力长足发展的黄金时期。对于儿童而言，阅读是帮助他们认识世界，形成健康人格，养成独立思考能力的最主要途径。因此，如何从积极的方向引领和推广儿童阅读至关重要。

本指南意在阐述公共图书馆在儿童阅读推广工作中的使命、目的、资源、服务等内容，明确阅读推广活动的实用性和可操作性，适用于本市各级公共图书馆以及参与儿童阅读教育工作的实践者和推广者。

第一部分　总则

1.1　使命和目的

1.1.1　使命

少儿图书馆是一个信息、学习和文化中心，通过多种形式提供大量资源和服务，为所有年龄层和能力水平的儿童提供一个体验阅读乐趣、探索知识和发挥想象力的场所，引导他们及其家长学会充分使用图书馆和各种资源的技能，满足他们教育、信息和个人发展的需求[8]。

1.1.2　目的

● 满足每个儿童使用图书馆资源和获取信息的需要；

● 促进儿童逻辑思维能力、想象力、阅读能力、文化素养、终身学习能力的发展；

● 帮助儿童养成使用图书馆以及终身阅读的习惯；

● 运用图书馆资源，为儿童及其家长、看护人以及与儿童工作相关的人员提供丰富的阅读资源和阅读指导培训；

● 帮助儿童及其家长融入社区，为他们提供交流、沟通和分享的场所。

1.2 目标人群

3—13 岁的儿童及其父母或其他法定监护人、看护人，以及其他从事儿童相关工作的人员。

第二部分　服务资源

2.1　文献信息资源

儿童图书馆应提供各类形式的、与发展相适用的资料以满足所有年龄群体的需求。馆藏应是具有吸引力的、新近出版的、状态良好的，并以儿童直观易懂的方式组织。

儿童图书馆的馆藏建设需遵循高质量、高标准的原则。除了要求具有时效性和准确性，还要考虑适合儿童所处的各个年龄阶段，反映包容性，体现正向价值观和当地社区文化、多语种、介绍世界各种文化、支持当地学校需求等特点。馆藏内容应包括有助于促进儿童身心健康成长的、使用安全的、各种形式的、大量的并且合适的资料，比如：印刷型资料（各类型图书、期刊、连环漫画、参考工具书、学习资料等）、数字资源（电子书籍、影音资料和教育资源数据库等）、多媒体（CD、DVD、乐器、有声读物等）、低龄玩具、学习性的游戏器具、计算机、软件和网络连接[9]。有条件的图书馆还应配置相应的少数民族文献资源和外文文献资源。

2.2 设施设备

上海地区公共图书馆可结合自身资源和条件，提供少年儿童阅读使用的各类多媒体应用设备，如台式电脑、笔记本、平板电脑、触屏设备、试听设备等，并配备网络宽带服务，促进少年儿童阅读推广。同时，图书馆需安装网络监管系统来维护少年儿童网络安全，维护身心健康。

2.3 财政资源

上海地区公共图书馆应为少年儿童读者的阅读推广投入一定比例的专项服务费用，作为每年财政拨款经费的专项支出。各级图书馆可根据现有资源和服务能力确定可开展的阅读推广活动。

2.4 阅读推广人

2.4.1 人员数量

上海地区公共图书馆少年儿童服务馆员人数的确定应以该图书馆所在区域的少年儿童人口数为依据，同时综合各馆的馆舍规模、馆藏资源、服务时间、服务范围、活动内容等因素确定数量。

2.4.2 人员要求

上海地区公共图书馆少年儿童服务馆员需要有良好的职业

道德和职业素养，具备为少年儿童服务的专门技能和相关经验。同时，应不断提升自身的业务能力水平，定期参与少年儿童服务专业知识教育培训，年接受培训时间不低于 60 学时 / 人[6]。

2.4.3 志愿者

上海公共图书馆少年儿童阅读推广可引入志愿者服务机制，招募具备一定少年儿童服务经验和技能的志愿者以协助公共图书馆开展阅读活动。

第三部分　服务内容

3.1　故事会

【对象】

3—6 岁儿童及其家长。

【定义】

由专业老师或馆员为学龄前儿童朗读绘本或讲解故事，以激发儿童对阅读的兴趣。

【人员安排】

绘本故事活动需要配备一名专业的绘本讲师或者擅长绘本朗读、故事讲解的馆员，以及若干志愿者协助活动执行、维护现场秩序。

【组织策划】

选定适合学龄前儿童阅读的绘本或故事书，主要以篇幅适中、内容有趣、互动性强的书籍为主。每场故事会一般讲述一个完整的故事，或系列故事中相对完整的部分。讲述时还应包括适合 3—6 岁低龄儿童的开头问候、肢体活动、欢送曲目等内容。活动中可利用玩具、玩偶、游戏等方式增强活动的趣味性和互动性，也可增加童谣演唱、纸戏剧表演等环节丰富活动形式。

现场需布置得安全、温馨，准备一些适合低龄儿童的桌椅或坐垫，还可在现场设置临时性书架，展示相关类型的绘本或图书，供小读者们和家长们借阅。

活动结束后可通过现场提问或在线问卷的方式获取参与者的反馈，收集小读者们感兴趣的主题或其他建议，用于后续活动改进和优化。

【适用范围】

市级公共图书馆、市级少儿馆、区级公共图书馆、街镇公共图书馆。

3.2 手工活动

【对象】

3—6 岁儿童及家长。

【定义】

专业老师带领学龄前儿童进行手工制作活动，促进儿童的动手能力、语言认知、思维及创造力的发展。

【人员安排】

一名手工老师或擅长手工的馆员，以及若干志愿者协助活动执行、维护现场秩序等。

【组织策划】

结合本馆图书确定活动主题（例如传统文化介绍、艺术欣赏等），举办剪纸、沙画、泥塑等非技术性手工活动。提前布置好活动场地，准备好舒适的桌椅以及活动所需的辅助用品，必须确保活动材料的安全性和环保性。可结合相关图书的内容，通过讲故事、唱童谣、做游戏、放视频等方式导入活动主题，鼓励儿童发挥想象力和创造力，示范并指导儿童进行手工制作。手工制作应注重作品的整体美感，大小适中，色彩搭配协调，制作工艺精美，有特色。制作的成品可让儿童带走或留在馆内进行展示，增加其完成作品的成就感。

活动结束后可通过现场提问的方式获取参与者的反馈或建议，并汇总活动成品的照片，进行展示。

【适用范围】

市级公共图书馆、市级少儿馆、区级公共图书馆、街镇公共图书馆。

3.3 读书会

【对象】

6—13岁儿童。

【定义】

自由交流阅读心得的一系列读书活动，旨在丰富小读者的精神生活，激发其阅读兴趣。

【人员安排】

每场活动需要配备至少一名专业讲师或馆员做主持和总协调，若干志愿者协助指引活动地点、维护现场秩序。

【组织策划】

确定活动主题，例如历史主题、诗歌主题、科幻主题等，精选出适合6—13岁儿童阅读的书目。提前制作活动海报、撰写微信推文，于活动前一周发布在公众平台上。由专业老师或馆员主持引导整场活动，做开场白、图书分享和总结，维护活动秩序。中间需设置自由讨论环节，邀请小读者各抒己见，相互激发，让他们体验与同伴分享阅读的快乐。交流过程中需保证每位发言者拥有合理的时间思考、组织语言表述自己的观点。也可以鼓励小读者自荐为下一期活动的主持人，锻炼其语言表达和统筹协调能力。

读书会活动的形式可以不局限于佳作欣赏、心得交流，也可以是诗歌朗诵、主题演讲、角色表演、好书推荐等，甚至举办户外专场，走进自然或其他文化场馆。活动结束后可采用现场提问、线上问卷等方式获取参与者的反馈，并做好活动相关资料（文字、图片等）的收集、整理和归档工作，以便后续进行复盘与改进。

【适用范围】

市级公共图书馆、市级少儿馆、区级公共图书馆、街镇公共图书馆。

3.4 作家见面会

【对象】

6—13岁儿童。

【定义】

邀请国内著名作家开展访谈、签名赠书等活动。通过名人名家的现身讲演，鼓励和激励儿童更好地阅读与丰富自身知识。

【人员安排】

一名专业作家进行访谈，一名馆员进行现场主持，以及若干志愿者协助活动执行、维护现场秩序、拍照等。

【组织策划】

活动前一周在微信公众号发布推文，以及在馆内张贴宣传海报，内容包括作家简介、作品介绍及本次活动内容介绍等。

见面会前，循环播放该作家的创作图片资料。主持人介绍活动的目的及内容，并简单介绍图书内容，进而引出本次见面会的主角。作家与小读者进行深度交流访谈，小读者可就学习、生活、写作、阅读等方面向作家提出问题，作家当场进行详细解答，时间约半小时。签名赠书环节，将于现场抽取一部分幸运小读者，有秩序地请作家签名赠书，同时现场设置书籍展示区。最后小读者与作家合影留念。

活动结束后可用现场提问、线上问卷等方式获取参与者的反馈，并汇总活动资料，进行反思与改进。

【适用范围】

市级公共图书馆、市级少儿馆、区级公共图书馆。

3.5 展览

【对象】

3—13 岁儿童及其家长。

【定义】

公开陈列图书、艺术作品等，或者集中展示在各类活动中收集的绘画、手工等作品。

【人员安排】

若干馆员或专业人士进行展区布置，活动时需若干馆员以及志愿者协助指引活动地点、维护现场秩序。

【组织策划】

确定展览主题时应充分考虑儿童的认知水平和心理特点，中国传统文化、体育、艺术、自然等都是较合适的展览主题。提前进行展厅布置，收集、整理展览品，联系相关部门制作展览展板，有条件的图书馆也可考虑采用多媒体形式进行展示。展览的作品可以包括儿童手工作品、绘画作品、阅读手记、各类比赛作品、创客成品、文献特藏、艺术馆藏、名家手稿等。在展览过程中应引导小读者有序观展，并进行适当导引与讲解。展厅还可设置自由绘画、手工区等，为儿童提供丰富多彩的体验，点燃孩子们的好奇与求知的火花。活动过程中，可根据展览参观日人流量情况，适时随机采访参与者，进行展览效果评估。

【适用范围】

市级公共图书馆、市级少儿馆、区级公共图书馆、街镇公共图书馆。

3.6 竞赛

【对象】

6—13岁儿童。

【定义】

根据不同主题设置的各类比赛，旨在展示少年儿童的良好风采，激发其参与热情。

【人员安排】

若干专业评委，一名馆员做总协调，若干馆员或志愿者协助指引活动地点、维护现场秩序。

【组织策划】

活动前需确定比赛的主题、时间、地点、环节、人次、奖项设置等，并通过线上、线下平台发布比赛公告，广泛宣传。

比赛类型包括但不限于征文比赛、绘画比赛、书法比赛、诗词比赛、知识竞赛、演讲比赛、讲故事比赛、诵读比赛、设计比赛等。比赛可结合中华优秀传统文化、社会主义核心价值观、爱国主义教育等主题，为广大少年儿童搭建展示自我风采的平台。大型比赛可与其他图书馆、学校、社会机构等合作，持续举办，做成品牌。比赛评委应是相关领域的专业、资深人士，评委数量不宜过少，应保证其权威性和多元性。比赛过程要做到透明公开，比赛结果应凸显专业性、公平性。还应注重成果展示，提高小读者的成就感，激发他们的参与热情。对于优秀作品，除了颁发荣誉证书或纪念品，还可在图书馆或其他场所进行巡回展演。

【适用范围】

市级公共图书馆、市级少儿馆、区级公共图书馆。

3.7 图书推荐

【对象】

3—13岁儿童及其家长。

【定义】

定期推荐适合不同年龄层儿童阅读的馆藏资源，科学地引导儿童读者独立选择优质读物，同时为家长、教育工作者、阅读推广人选择读物提供参考。

【人员安排】

需要专门撰写线上阅读指导推文的馆员，以及富有爱心和耐心的馆员线下与儿童及其家长保持沟通。

【组织策划】

每期针对某一主题进行图书推荐，每次可推荐 3—5 本。通过网站、微信公众号等阵地，将图书馆内的优质馆藏资源推荐给儿童、家长和相关行业工作者。

在推荐新书、好书时，要充分考虑少年儿童的年龄特征、心理特点，有针对性地进行推荐。对于 3—6 岁的学龄前儿童，主要以绘本为主，要考虑书中的词汇难度、主题深浅、篇幅长短、背景知识等，确保小读者听得懂文字、看得懂插图。对于 6—7 岁小学低年级儿童，可以推荐注音书、桥梁书，增加其识字量和词汇量。对于 8 岁以上的儿童，则可以向其推荐优质中长篇文学作品，循序渐进地增加科学和哲学类图书，培养其科学精神和思维方式，当然，内容仍需符合儿童的身心发展特点，文字不能太生僻，内容不可太深奥，避免打击其刚建立起来的阅读兴趣。除荐书外，也可进行书评征集，鼓励孩子们自己写书评、做推荐来带动同龄人阅读。

【适用范围】

市级公共图书馆、市级少儿馆、区级公共图书馆、街镇公共图书馆。

3.8 讲座

【对象】

6—13 岁儿童及其家长或看护人、教育工作者、阅读推广人等。

【定义】

邀请专家或相关行业工作者，针对某一主题传授相关知识，开展线下讲座。

【人员安排】

每次活动需要配备至少一名专业讲师，还需要一名专业馆员做总协调，一名馆员录制讲课视频，若干志愿者协助指引活动地点、维护现场秩序。

【组织策划】

细分参与人群，如 6—7 岁低年级儿童、8 岁以上儿童、家长和相关行业工作者，依据不同人群特点策划符合其需求的讲座主题。讲座内容可结合本馆图书进行设定，或由专家自行设定。活动现场可设置专题书架，方便读者借阅同类型图书。若馆内已设有相关主题书架，则可结合活动内容进行适当宣传和指引。

针对儿童，可以邀请相关领域专家、作家等专业人士，结合多媒体等馆内资源开展各类主题讲座，如国学讲座、传统文化讲座、科普讲座、艺术讲座等。针对家长或看护人、教育工作者等，可邀请资深教育专家，与参与者进行深入交流，内容可涵盖心理健康、亲子沟通、习惯养成等方面，帮助家长或专业工作者了解儿童教育的特点与规律，掌握教育孩子的科学方法。讲座应在安全温馨、灯光适宜、隔音良好的培训教室或报告厅举办，现场需配备舒适的讲台、座椅以及电脑、话筒、投影等设备。活动应注重趣味性、互动性，并设置提问、讨论、游戏等互动环节。

讲座类活动建议在专家的指导下形成专题讲座系列，并录制成视频存档，既节约资源，也方便未能到场参与的儿童和家长学习，同时又是非常好的科普视频资料。活动结束后可采用现场提问、线上问卷等方式获取参与者的反馈，并汇总活动资料，以便进行复盘与改进。

【适用范围】

市级公共图书馆、市级少儿馆、区级公共图书馆。

3.9 文学音乐会

【对象】

6—13 岁儿童。

【定义】

在音乐中重温文学经典，提高小读者的音乐鉴赏能力和文学素养。

【人员安排】

每次活动需要配备专业演奏老师若干名、专业讲师一名，还需要一名专业馆员做协调，若干志愿者协助指引活动地点、维护现场秩序。

【组织策划】

确定活动主题（可以讲述中国故事、弘扬传统文化，亦可以介绍名人佳作），寻找当地乐团或音乐机构进行合作，共同商讨演出曲目和环节设置。演出完毕后，由专业老师带领小读者对与主题相关的图书进行阅读和赏析，在轻松愉快的氛围中吸引小读者开启经典阅读的旅程。

活动可在安全的户外或室内半开放式的空间内举行，提供若干舒适的座位以及话筒等基础设备，提前准备好主题图书，陈列在周边书架上，供小读者们活动结束后借阅。

【适用范围】

市级公共图书馆、市级少儿馆、区级公共图书馆。

3.10 图书馆体验活动

【对象】

6—13 岁儿童。

【定义】

让儿童在体验类活动中熟悉图书馆的运作模式，提升其图书馆信息素养。

【人员安排】

一名馆员进行活动统筹安排，若干志愿者协助活动执行、维护现场秩序等。

【组织策划】

由图书馆工作人员带领小读者熟悉图书馆的图书分类和布局，向其介绍如何借还图书、整理图书、上架图书以及检索图书等知识。可组织开展“图书馆寻宝”活动，把参加活动的小读者分成若干小组进行比赛，设置领取任务、检索、书库寻书等环节，要求各个小组的所有成员团结协作，在茫茫书海中找到指定的“宝贝”。根据寻宝时间的长短，由馆员为参赛人员进行排名，并颁发证书或纪念品。也可组织开展“图书馆管理员”活动，给予小读者一场特别的“职业生涯”体验。“小管理员们”需积极协助馆员进行图书整理、上架，维护阅览区域内的秩序，如提醒小读者在阅读中要保持安静，指导他们如何借还图书，并把遗漏、错乱的图书整理得井然有序，活动结束后应颁发荣誉证书。

【适用范围】

市级公共图书馆、市级少儿馆、区级公共图书馆、街镇公共图书馆。

3.11 创客活动

【对象】

6—13岁儿童。

【定义】

打造儿童动手创作的实践空间和交流分享的展示平台。

【人员安排】

每次活动需要配备至少一名相关行业的专业讲师，一名专业馆员做总协调，若干志愿者协助指引活动地点、维护现场秩序。

【组织策划】

以STEAM教育为载体，将学科知识与实践活动相结合，策划3D打印、无人机、python编程、乐高搭建等技术性活动。重点在于以儿童的自主探究和动手制造为核心，着力培养儿童的创新精神和解决问题的能力。可与社会组织展开合作，依托社会组织丰富的教育资源和培训经验，由其提供师资和课程设计。图书馆则提供安全舒适的培训教室，电脑、机器人、无人机等专业设备以及积木、橡皮泥等手工物料。

【适用范围】

市级公共图书馆、市级少儿馆、区级公共图书馆。

3.12 家庭作业服务

【对象】

6—13岁儿童。

【定义】

图书馆提供一个安静的空间，辅导员承担助手的角色，为小学生完成家庭作业提供帮助。

【人员安排】

专业图书馆员若干名，教师、大学生或志愿者若干名。

【组织策划】

与学校或者社区合作，招募教师、大学生或其他志愿者担任辅导员，每周定期与小学生会面，为他们解惑答疑，帮助他们解决作业中遇到的问题。图书馆员可利用其知识和经验引导学生找到相关书籍或百科全书等在线资源，满足其学业需求。8岁以下的孩子须有家长或看护人陪同。

此类活动需在一个安全、安静的学习空间内开展，并提供舒适的座位和适宜的灯光，必要时也可提供文具和学习资料。

【适用范围】

市级公共图书馆、市级少儿馆、区级公共图书馆、街镇公共图书馆。

3.13 图书评选

【对象】

3—13 岁儿童及家长、教育工作者。

【定义】

表彰优秀图书，创造作者写好书、出版社出好书、读者读好书的良好社会氛围。

【人员安排】

专家若干，至少一名专业馆员负责统筹。

【组织策划】

评奖对象为前一年度图书馆对外提供借阅的图书，评审工作由图书馆策划组织，聘请馆内外专家组成评审委员会评审。评选范围可包括文学、社会科学、自然科学类的读物，侧重于能够传播知识、陶冶情操，提高小读者的人文素养和科学素养的图书。获奖图书可通过社会投票与专家评审相结合的方式产生。综合图书内容和读者投票两项指标，经评审会会议投票和讨论，最终确定获奖和推荐图书，并通过线上线下平台向公众公布。

【适用范围】

市级公共图书馆、市级少儿馆、区级公共图书馆。

3.14 信息素养活动

【对象】

6—13岁儿童。

【定义】

以培养儿童信息素养为目的，基于图书馆内的设备开展主题活动，例如检索机、自助借还机的使用、信息安全保护等。

【人员安排】

专业信息老师一名，图书馆员一名和志愿者若干名。

【组织策划】

信息素养活动的目的是使儿童认识到数据对社会发展的作用，树立正确的信息价值观；能根据解决问题的需要，有意识地寻求恰当方式检索、选择所需信息；掌握和运用信息科技手段表达、交流与支持自己的观点；增强数据安全意识；知道数据编码的作用与意义，掌握信息处理的基本过程与方法，初步具备应用信息科技解决问题的能力。

多媒体计算机具有灵活的界面交互功能，教师或馆员可以让显示屏上的画面和声音根据儿童学习的需要进行主动调控，快捷交互，方便的播放功能使教师能更主动地控制教育过程，从而增强教育效果。人机对话方式改变了单一的讲述形式，同时为儿童提供了丰富的素材。

活动要尽可能为儿童提供真实情境和材料，或用信息技术创设真实问题情境或任务，让儿童在动手实践过程中获得沉浸式情境体验。通过情境创设不仅可以将抽象知识形象化，还可以将难以观察到的现象生动呈现。

【适用范围】

市级公共图书馆、市级少儿馆、区级公共图书馆。

第四部分　服务空间

4.1　总体布局

儿童图书馆的存在是为了给孩子们提供一个温馨的相互交往的实体空间。所有年龄段的孩子都应该感受到图书馆是一个友好的、有吸引力的、有挑战性的、没有威胁的地方。公共图书馆建筑功能总体布局应为少年儿童设置相对独立的阅览及活动空间，设置单独的出入口。公共图书馆的少年儿童服务面积应不低于总服务面积的10%。少年儿童空间应该有特别的家具、装饰和色彩，并与图书馆的其他部分相区别。友好的氛围和良好的设计能鼓励孩子们使用所有图书馆资源、阅读和在图书馆逗留。建筑空间要做到分区明确、布局合理、出入便利、使用安全、易于管理、无障碍化。馆藏区、展示区、阅览区的空间需充足，另设有专门的活动空间可以灵活安排各种类型的活动。空间内地面舒适、色彩明快、照明充分、隔音通风条件良好、如厕方便。服务标识、设备标识、安全标识易于识别，安全防范设置完善。有条件的图书馆应设置母婴服务区、少年儿童室外活动场地和特殊儿童阅览室，还可以设置外文阅览区，为双语或多语种家庭提供会面、交流、阅读的空间[6]。

4.2 家具设备

4.2.1 安全性

家具设备应当坚固耐磨，能承受高强度的使用，易于维修，环保安全，符合少年儿童人体工程力学标准，并且符合《儿童家具通用技术条件》GB28007-2011 的规定[6]。

4.2.2 适宜性

家具应尽量舒适、美观、休闲，营造宽松安静的氛围。座椅可结合人体工学要求，按年龄划分高度、大小。照明设计应满足阅读照明需求和节能减排的要求，自然光和内部照明技术相结合，为阅读空间、学习空间和活动空间提供不同的照明等级。

4.2.3 便利性

摆放书籍的书架应能展示不同的媒介资源，并且在整个儿童区处于较低的位置，以便儿童能够获取资源。动态地进行馆藏管理和展示，定期改变空间布局，使小读者在不同地方可以看到和接触到不同的东西，如此能够扩大他们的选择范围，促进书籍的获取。

4.2.4 灵活性

鉴于少儿图书馆的服务对象涉及的年龄跨度较大，家具设计和阅览坐席等也应该满足不同年龄段读者的不同需求。比如，低龄区可以考虑设计地面上的阅读，在温馨的、适合亲子阅读的区域投放地毯、软垫等，满足亲子、家庭、临时故事会等需求；儿童区应满足独立阅读、家庭阅读、小型读书会、小组讨论等需求，可配备小型讨论空间、亲子阅读空间以及一些私密空间。

4.3 标识

儿童图书馆的标识是与用户交流的重要组成部分。用当地社群语言书写的友好标语会让每个人感到更加温馨。使用诸如象形图等视觉或文本标志为儿童指示可获得的资源，应该成为一个显著的设计特色。导引标识应标明区域划分（如阅览区域、活动区域、办公区域），醒目清晰，易于少年儿童识别。上海城市的国际化水平较高，读者群中不乏外国小朋友，有条件的图书馆应采用双语或多语对照标识。而且，6岁以下的儿童正处于语言敏感期，双语或多语标识也有助于促进他们的大脑发育和语言发展。文献排架标识则应简单直观，方便少年儿童使用。宣传标识应充满童趣，生动活泼，易于理解，对少年儿童具有吸引力。还应设有无障碍通行专用标识。

第五部分　服务宣传

5.1　宣传目标

少年儿童图书馆应在馆内或馆外利用各种方式开展针对儿童的馆藏文献宣传、介绍、推广等活动，以提高馆内藏书的流通量，提升少年儿童的阅读兴趣。

5.2　文献推介

【内容】

包括纸质文献和电子文献等各类型文献资源。

【形式】

（1）应符合儿童的接受水平，音视频、图片、文字等多种方式结合，文字内容应通俗易懂，符合儿童兴趣。

（2）推介材料包括但不限于海报、折页、小册子、音视频材料、网页专栏、内部刊物等。

（3）儿童、家长、教师或其他相关行业工作者均可参与推荐。

【适用范围】

市级公共图书馆、市级少儿馆、区级公共图书馆、街镇公共图书馆。

5.3 读者活动推广

【内容】

包括各类馆内活动的招募、开展、回顾等。

【形式】

（1）定期通过网页、微信公众号、短视频等平台进行线上宣传。

（2）定期出版资源清单和宣传册，在儿童聚集的地方进行线下宣传。

（3）通过与周边小学等合作进行宣传。

（4）定期举办适合儿童参观的展览。

（5）公共演讲活动及社群组织联系。

（6）书展。

（7）图书馆周年度庆祝活动及其他集中推广活动。

（8）阅读和读写素养活动以及作家见面会。

（9）有效的馆内外标识和导引。

【适用范围】

市级公共图书馆、市级少儿馆、区级公共图书馆、街镇公共图书馆。

第六部分　服务评估

6.1　定义及目标

评估即对图书馆服务或设施的效益、效率、利用率和相关性的评价过程。服务评估是图书馆服务的一个基本而重要的组成部分，也是图书馆规划中的关键环节。通过收集和分析适当的数据和证据，服务评估可以成为改进活动和服务、沟通决策的工具。

对图书馆儿童阅读推广活动进行评价有助于了解这些服务和活动是否满足当地社群儿童的实际需求，有助于一步步优化阅读推广活动的互动形式，有助于提升馆员的综合业务能力，有助于充分发挥图书馆的文化教育功能，进而在社区营造更为浓厚的阅读氛围。

6.2　评估内容

服务评估是活动管理流程中很重要的一环，一方面是上级主管部门的评估，另一方面是本馆在专业性上的评估，我们在此主要谈论后者。在制定儿童阅读推广活动评估计划时，需要考虑以下问题：

- 需要对哪些内容进行评估？
- 需要采集什么形式的被评估样本？
- 实施评估的最佳时间段？
- 采用何种标准来评估活动效果？怎样的评估结果被认为是成功的活动？
- 评估标准将随着时代发展如何发生变化？
- 评估结果将如何影响活动策略的变化？

6.3 评估方法

（1）现场评估：通过与小读者及家长的现场互动了解活动效果；活动结束后通过问卷调查、当面访问、留言墙等方式了解读者们的意见和建议。

（2）电话回访：通过与参与活动小读者及家长的电话沟通，了解读者对于活动内容、活动形式、活动效果、活动偏好等的反馈。

（3）线上评估：做好活动预估，采用线上问卷调查、评论留言等形式，系统化整理反馈数据，建立活动受众的“人物画像”，进一步了解读者的偏好与需求。

6.4 评估结果及优化

对图书馆阅读推广活动的评估让我们有机会更好地了解社

群需求，进而策划更具互动性、影响力的图书馆活动。归纳活动评估结果旨在积累经验、推陈出新。在活动评估的过程中，一方面，我们要考虑评估体系的合理性和可操作性；另一方面，我们需结合阅读推广活动本身的目标，思考以下问题：

● 本期活动的开展达到我们最初设定的目标了吗？

● 我们是通过什么方式达成了活动目标？

● 本期活动是从哪些方面改善了儿童的阅读情况？

● 儿童读者对于该活动的反馈是什么？

● 本期活动的流程是否适用同系列的活动？该活动流程是否需要优化？

● 活动受众范围是否需要扩大或缩小？

● 如何在活动过程中加入评估因素？

● 评估标准是否需要根据不同活动形式进行相应的调整？

● 如何更高效地对服务评估结果进行分析？

综上，对服务评估结果的归纳及分析在儿童阅读推广活动中是不容忽视的一环；但与此同时，活动策划过程不能被评估模式、评估结果禁锢思维，在考虑读者需求的同时，也要顺应时代与技术发展，为读者“创造需求”，打造更具图书馆特色、融合新兴技术、展现时代风采的儿童阅读推广活动。

参考文献

［1］全国人大常委会 . 中华人民共和国公共图书馆法［EB/OL］.［2017-11-05］. http://www.gov.cn/xinwen/2017-11/05/content_5237326.htm.

［2］IFLA/UNESCO. The IFLA-UNESCO Public Library Manifesto 2022［EB/OL］.［2022-07-27］. https://repository.ifla.org/handle/123456789/2006.

［3］国务院 . 中国儿童发展纲要（2021—2030）［EB/OL］.［2021-09-27］. http://www.gov.cn/zhengce/content/2021-09/27/content_5639412.htm.

［4］上海市人民政府办公厅 . 上海市儿童友好城市建设实施方案［EB/OL］.［2022-09-02］. http://www.shanghai.gov.cn/202219bgtwj/20221010/d69b4802d30e494a91cfc8dfcbf6285f.html.

［5］上海市发展和改革委员会 . 上海市基本公共服务实施标准（2023 年版）［EB/OL］.［2023-12-29］. https://fgw.sh.gov.cn/fgw_shfz/20231229/1205a1be7c714133be243a410f1a7630.html.

［6］GB/T 36720-2018. 公共图书馆少年儿童服务规范［S］.

2018.

［7］WH/T 70.3—2020. 公共图书馆评估指标第3部分：省、市、县级少年儿童图书馆［S］.2020.

［8］IFLA Libraries for Children and Young Adults Section. IFLA Guidelines for Library Services to Children aged 0-18-2nd Edition（revision of 2003 Guidelines）［EB/OL］.［2018-11］. https://repository.ifla.org/handle/123456789/171.

［9］IFLA Libraries for Children and Young Adults Section. Guidelines for Children's Library Services［EB/OL］.［2004-01］. https://repository.ifla.org/handle/123456789/169.

上海地区青少年阅读推广服务指南
（13—18岁）

引 言

本指南旨在为上海地区少年儿童图书馆或公共图书馆少儿馆开展高质量的青少年阅读推广服务提供参考。

根据国际图书馆协会联合会对服务对象青少年的定义，青少年是指年龄处于儿童和成人之间的一个群体。在本指南中，青少年阅读推广活动的服务对象是指13到18岁之间的个体以及与之一起工作的人，如父母、教师和社区工作者[1]。

《中华人民共和国公共图书馆法》第三十三条指出：公共图书馆应当免费向社会公众提供公益性讲座、阅读推广、培训、展览等服务；第三十六条指出：公共图书馆应当通过开展阅读指导、读书交流、演讲诵读、图书互换共享等活动，推广全民阅读[2]。《上海市公共图书馆管理办法》也指出，公共图书馆应当采用图书展览、辅导讲座和组织群众性读书活动等多种形式，向读者推荐优秀读物，指导读者阅读[3]。我们倡导，公立图书馆的阅读推广活动应充分认可并尊重青少年群体的阅读需求，在活动过程中与青少年开展平等的沟通，让该群体充分参与其中并密切关注该群体的兴趣变化。

目前已有研究指出，从小学后段开始，随着年龄的增加，对阅读持有积极意愿的少年儿童在比例上有所下降。然而青少年时期的阅读意愿波动，对养成终身阅读习惯有着直接影响。因此，文化和教育工作者应本着“一个都不能少的”的原则，重视这部分少年儿童的需求，并采取行之有效的措施，帮助他们形成对阅读的正确认识，推出针对青少年的阅读推广服务，提高青少年的阅读兴趣尤为重要。

上海作为国际化大都市，始终注重公共基本服务建设。上海市发改委在《上海市基本公共服务实施标准（2023年版）》的“阅读服务”项目中明确规定：“全市公共图书馆每年举办讲座、展览、各类读书活动不少于1.2万场次[4]。”作为少年儿童图书馆领域的重要规范性文件，《公共图书馆少年儿童服务规范》中更是对区域性的阅读推广的活动场次进行了规定，要求“年万人开展读者活动场次不低于0.4（计算方法：年读者活动场次/服务人口/10000）”，从而更好地保证了各省市区域少年儿童图书馆或公共图书馆中的少儿部对本馆服务区域的读者开展阅读推广活动[5]。各级政府每年会对公共图书馆进行评估，在《公共图书馆评估指标第3部分：省、市、县级少年儿童图书馆》中，对于少年儿童图书馆进行分级书目推荐、分级分年龄段读者活动的内容、场次、方法、效果等，均有对应指标考核[6]。

本指南旨在阐述上海地区公共图书馆在青少年阅读推广工

作中的服务资源、服务内容、服务空间、服务评估等方面内容，为本地区青少年阅读推广活动的实践和操作提供参考和帮助，适用于上海地区各级公共图书馆以及参与青少年阅读工作的实践者和推广者。

第一部分　总则

1.1　目标群及人群特征

1.1.1　目标群体

13—18 岁的青少年及其父母或其他法定监护人、看护人，以及其他从事与青少年、书籍及媒体工作相关的人员。

1.1.2　人群特征

青少年时期的未成年人逐渐形成自己的人生观和价值观，拥有自己的主观判断。青少年由于心理认知不成熟，情绪容易波动，易受到家庭及其他社会关系的影响，容易出现“叛逆”现象。

同时，青少年的组织和自我约束能力增强，研究和学习的技能也开始增长。其阅读兴趣向知识型转变，阅读涉及面广，对故事型和非故事型图书都非常感兴趣。青少年对大众文化也开始感兴趣，同伴之间热衷推荐读物并探讨相关话题。因此在这一阶段，阅读推广活动更应注重对他们进行学习能力、学习方法、沟通交流的培养，同时加以心理、情感疏导。

根据青少年人群的阅读心理特征和阅读倾向，我们将青少年阅读推广活动相关方面定义如下。

1.2 使命和目的

1.2.1 使命

图书馆通过各种形式的资源和服务，提供一个满足青少年在文化、情感和社交方面需求的阅读场所，使青少年从儿童时期顺利过渡到成年。

图书馆馆员应掌握青少年的心理和情感发展特征，提供符合青少年发展特点的阅读指导，促进青少年终身学习能力、独立决策能力和文化发展能力等的培养。

1.2.2 目的

● 满足青少年合理自由地使用图书馆资源和获取信息的需要；

● 培养青少年有效获取图书馆资源的能力和信息技术的能力；

● 根据最佳实践经验，有效地为青少年提供各类阅读活动；

● 满足青少年广泛的兴趣需求，鼓励青少年学习知识、培养阅读习惯、促进自身发展、养成终身学习的能力等；

● 给予青少年阅读指导，培养阅读兴趣空间，提升阅读方法，提升青少年的阅读品位；

● 鼓励青少年参与图书馆实践活动，培养服务自己和他人的能力；

● 运用图书馆资源，为青少年及其家长以及与青少年工作相关的人员提供丰富的阅读资源和阅读指导培训；

● 帮助青少年融入社会，为他们提供交流、沟通和分享的场所，促进青少年的终身学习能力、独立决策能力和自身文化发展能力的培养；

● 引导青少年通过阅读提高认识、明辨是非，正确把握人生观和世界观；

● 与其他组织、社区机构联动，组织搭建阅读推广平台。

第二部分　服务资源

2.1　文献信息资源

图书馆资源分为文献资源和非文献资源。上海各级公共图书馆馆藏资源配置应遵循婴幼儿、儿童、青少年分级服务的原则，符合各年龄段孩子的特点，满足当代少年儿童阅读需求。上海各级公共图书馆应提供不同年龄段儿童阅读推广资料和服务。图书馆文献信息资源主要有：图书、报刊、数据库、图片库、音乐库、音频库、AR、VR 新兴读物。

2.2　场地设施设备

上海各级公共图书馆可结合自身资源和条件，提供少年儿童阅读使用的各类多媒体应用设备，图书馆非文献资源主要有：电脑、影音设备、电游设备、活动器械、音响话筒、视听设备、图书馆导引机器人及其他。

2.3　财政资源

图书馆单位需要为阅读推广活动提供一定的资金支持和物

资保障。

2.4 阅读推广人

2.4.1 人员数量

阅读推广活动根据活动的具体形式、类型配备合适数量的馆员、志愿者等。

2.4.2 人员要求

阅读推广活动图书馆员需掌握九大能力，包括：组织技能、对社区的认识、人际关系技巧、活动策划、创造力、内容知识、推广和营销、金融技能（制定预算、寻求资金、管理财务）、评价，依托青少年的心理特征、教育背景，培养青少年形成自己的价值观、世界观。

2.4.3 人员组成

图书馆人力资源组成包括图书馆馆员、专家学者、志愿者、阅读推广人士等。上海公共图书馆少年儿童阅读推广可引入志愿者服务机制，招募具备一定少年儿童服务经验和知识的志愿者共同推动图书馆阅读活动。

2.5 其他

图书馆与学校教育的联系是最紧密的，它既为学校教育提供支持，也是学校教育的延伸。因此图书馆在进行阅读推广时，要积极走访学校等教育机构，与其保持沟通合作。图书馆既挖掘需求又集结专业力量，在提升阅读推广活动质量和影响力的同时，为社会教育公平出一分力。

在阅读推广中，图书馆在注重发展自己的特色及品牌活动的同时，要善于团结其他图书馆及文化社区，让活动开展走进社区服务群众；同时还要积极寻求社会网络与专业机构合作，提升阅读推广活动的趣味性与专业性。

第三部分　服务内容

3.1　服务内容分类

3.1.1　阅读指导

【对象】

青少年读者。

【定义】

根据读者年龄层，科学地引导、培养青少年独立选择读物，指导父母、教育工作者、阅读推广人选择更优质的读物。

【人员安排】

每次的阅读指导活动至少配有一名专业的阅读推广专家。图书馆馆员需要具有为读者服务的专业素养，能够针对读者的需要展开宣传。

【组织策划】

利用长期与青少年接触过程中积累的相关经验，以适合的方式为他们提供指导。利用板报、网络推荐等阵地，向青少年推荐优质读物。在推荐读物时，馆员要充分考虑青少年的年龄特征、心理特点，有针对性地开展工作；鼓励孩子写书评推动青少年阅读；将图书馆内的资源推荐给青少年；收集对阅读指导工作的评估与反馈。

活动展开需要有一个安全、温馨的培训教室，配有讲台、投影等设备、设施及培训资料，讲师电脑需安装录屏软件或直播软件用于录制讲课过程。活动组织者向参加活动的家长、教育工作者、阅读推广人发放问卷，调研在指导阅读、阅读推广活动中存在的问题。馆员需根据参加人数进行访谈或者抽样调查，注意收集参与者对图书馆及活动的评价以及其他需求。

【适用范围】

市级公共图书馆、市级少儿馆、区级公共图书馆、街镇公共图书馆。

【组织频率】

面向同一人群的阅读指导活动不宜超过每周一次。

3.1.2 读书会

【对象】

青少年读者。

【定义】

选择合适的图书，聚集青少年读者一起对图书中的阅读内容和阅读心得进行交流和讨论。

【人员安排】

分享人员为热爱阅读、乐于分享的青少年及成人群体。活动展开需要有一名专业的图书馆馆员进行策划，包括阅读分享会活动人员的招募、推文的撰写、活动材料的采买、活动现场的安排准备。一名专业馆员做场记，若干志愿者协助指引活动地点、维护现场秩序。

【组织策划】

线上读书会：制定青少年感兴趣的主题，并根据主题分享书籍。主题可由图书馆员按照一定的标准进行制定，由图书馆员提前拟定好主题和书单，读者们通过线上形式获得书单，并反馈读书心得。图书馆员要及时记录、互动，鼓励青少年读者的阅读行为，如评选出最佳原创阅读心得、“十佳读者”等。

线下读书会：制定青少年感兴趣的主题，设定时间、地点、主持人、主讲人/领读人等对这些主题展开讨论。可以根据主题，向读者推荐主题书单。需要提前向读者发送报名方式、入场须知等必要信息，合理安排参与人数，确保读书会的质量和效果。

【适用范围】

市级公共图书馆、市级少儿馆、区级公共图书馆、街镇公共图书馆。

【组织频率】

面向同一人群的阅读指导活动不宜超过每周一次。

3.1.3 见面会

【对象】

青少年读者。

【定义】

青少年与青少年，青少年与成人，读者与作者之间关于阅读内容和阅读心得的交流和讨论。

【人员安排】

分享人员为热爱阅读、乐于分享的青少年及成人群体。活动展开需要有一名专业的图书馆馆员进行策划，包括阅读分享会活动人员的招募、推文的撰写、活动材料的采买、活动现场的安排准备。一名专业馆员作场记，若干志愿者协助指引活动地点、维护现场秩序。

【组织策划】

邀请知名作家、科学家、学者等与读者面对面地交流心得、分享科普知识等。设定主题、时间、地点、主持人、主讲人等，提前做好宣传工作，让更多的读者知晓本次分享的主题与内容，并积极报名参与。主持人、主讲人在现场围绕主题与观众互动，提高现场观众的参与度。会后，依据实际情况，可举办签售会、合影等活动。

如果是大型分享会，可利用技术手段，进行现场直播或网络传播，扩大分享会的受益群体。以公众号为载体进行文章推送、活动人员招募及活动成果展示；需要有专门的邮箱或微信作为馆员与读者的沟通渠道；向参加活动的读者及家长发放问卷，收集在阅读分享活动中存在的问题。

【适用范围】

市级公共图书馆、市级少儿馆、区级公共图书馆、街镇公共图书馆。

【组织频率】

面向同一人群的阅读指导活动不宜超过每周一次。

3.1.4 讲座

【对象】

青少年读者。

【定义】

通过邀请专家、学者，针对某一专题传授相关知识，结合多媒体等馆内资源展开讲座。

【人员安排】

每次讲座根据规模大小配备合适数量的专业讲师和馆员，若干志愿者协助指引活动地点、维护现场秩序。

【组织策划】

公益讲座主题不限，内容积极、有正向社会价值。公益讲座在开展前需设置提问环节，解答家长、教育者、阅读推广人的问题，对现实情况中的育儿和阅读问题进行指导。此类讲座在前期策划时需要在专家的指导下形成专题讲座系列，并录制成视频存档，这样可以节约资源，方便未能参与的家长学习，同时又是非常好的科普视频资料。需要有一个安全的、温馨的礼堂或培训教室，配有讲台、投影等设备、设施及培训资料，讲师电脑需安装录屏软件或直播软件用于录制讲座过程。

【适用范围】

市级公共图书馆、市级少儿馆、区级公共图书馆、街镇公共图书馆。

【组织频率】

面向同一人群的阅读指导活动不宜超过每周一次。

3.1.5 展览

【对象】

青少年读者。

【定义】

公开展示与阅读相关的图书、数字资源，或者围绕文献内容陈列与之相关的艺术作品、摄影作品的原件或者复制件。

【人员安排】

根据展览的规模大小配备合适数量的策展人、馆员，若干志愿者协助指引活动地点、维护现场秩序。

【组织策划】

首先确定展览的主题，可以是与参展的艺术家确定主题，或者向社会征集。制定展览计划，制定、执行展览预算。其次确定展览场地及时间，制定宣传计划，展览用品及产品的设计与制作。最后是布展、作品交接、展览期间的维护与作品的存档。活动内容的记录与小结有助于优化展览形式与内容。根据主题，精选展览素材，确保所有素材客观真实。此外，要注重素材的趣味性和观赏性，并考虑到展厅特点，合理设计素材的呈现方式。

另外，要注重展览在多渠道的前期宣传、后期推广。线上展览可通过官方的微信公众号推文、短视频等进行，线下活动需要提供开放活动空间和展示空间。

【适用范围】

市级公共图书馆、市级少儿馆、区级公共图书馆、街镇公共图书馆。

【组织频率】

展览的举办周期相对灵活，可依据特定的节日或活动做调整，或者在与参展人达成一致后确定展览时间。

3.1.6 培训

【对象】

青少年读者。

【定义】

为青少年、看护人、教育工作者、阅读推广人等提供相关培训服务，开展阅读指导服务。

【人员安排】

需要具备专业的阅读推广知识，具有培训服务经验，能够运用阅读推广案例、经验，指导青少年科学阅读。

【组织策划】

利用微信公众号推文、专家讲座等线上线下相结合的形式，展开阅读指导培训服务。向参加活动的家长、教育工作者、阅读推广人发放问卷，收集在阅读指导、阅读推广活动中存在的问题，根据参加人数进行访谈或者抽样访谈，注意收集他们对图书馆及活动的评价，以及其他需求。需要有一个安全的、温馨的培训教室，配有讲台、投影等设备、设施及培训资料，讲师用电脑需安装录屏软件或直播软件用于录制讲课过程。相关影像资料可以作为阅读推广的学习视频进行再推广。

【适用范围】

市级公共图书馆、市级少儿馆、区级公共图书馆、街镇公共图书馆。

【组织频率】

周期相对灵活。

3.1.7 竞赛

【对象】

青少年读者。

【定义】

根据不同年龄层、不同主题设置的竞赛，适合青少年的竞赛活动。

【人员安排】

需要有一名专业的图书馆馆员进行策划，两到三名专业馆员做场记，若干志愿者协助指引活动地点、维护现场秩序。比赛需要聘请相关专家做比赛评委，或者由馆员担任评委。

【组织策划】

竞赛类活动主要分为阅读类竞赛和其他类型的主题竞赛。

阅读类竞赛主要由馆员组织，选取特定主题或书目，召集有意愿的青少年读者参加。参与的读者需要在规定时间内阅读指定主题的图书，并提交相应的读后感等阅读反馈。评比流程可采取线上或线下的形式，通过评委评选、用户投票的方式选出获奖者，并对获奖者予以一定程度的嘉奖。

在图书馆内举办的其他类型的竞赛包括表演类、征文类竞赛等。表演类比赛是指在图书馆员、家长、老师的指导下，青少年读者对剧本加以改编，并由青少年读者通过表演呈现剧本内容。评委可以选择专业性较强的老师，或者让青少年群体评选。活动场地配备讲台、投影等设备、设施及培训资料，讲师用电脑需安装录屏软件或直播软件用于录制比赛过程。依据比赛的流程和类型配备相应的硬件设施。线上比赛需要利用微信公众号进行比赛的宣传、作品的收集，需要有专门的邮箱负责收集比赛的作品。征文类比赛首先围绕书籍确定竞赛主题，比赛前确定参与对象、比赛评委、比赛的流程以及奖项的设置、奖品物料的采买。比赛的过程中注意场所的布置，线下活动依据比赛的类型提前准备好场地布置的材料。线上比赛活动在微信公众号上进行作品的征集。通过馆员与参赛者进行沟通，在获得青少年的允许后，对其进行公开姓名和照片表彰，表彰方式可为实体奖励或奖状。表演类比赛、征文类比赛或辩论赛比赛前可以建设相关比赛的微信群，方便发布通知联系比赛选手。需要采买若干比赛奖状或比赛奖品。

【适用范围】

市级公共图书馆、市级少儿馆、区级公共图书馆、街镇公共图书馆。

【组织频率】

竞赛周期相对灵活，可依据特定的节日或活动做调整。

3.1.8 节庆活动

【对象】

青少年读者。

【定义】

节假日期间举办的为了烘托节日气氛、培养青少年读者阅读兴趣的形式多样、主题多变的阅读推广活动。

【人员安排】

需要有一名专业的图书馆馆员进行策划，若干志愿者协助指引活动地点、维护现场秩序。必要时可聘请相关专家参与。

【组织策划】

节庆活动的准备主要包括：确定活动主题与受众——方案策划、流程确定——物料准备——场地布置——活动开展——活动评估这六个环节。在活动主题方面，需要结合不同节庆的特征，确定相关的主题；在活动形式方面，需要考虑到活动本身的趣味性、互动性和创新性，以吸引青少年读者前来参与；在活动执行环节中，需要考虑青少年群体的心理和行为特征，与他们达成高效互动。青少年群体已具备自主意识，在活动中需要给予他们更多的参与度，偏向于展示、思考、表演性的活动而非传授性。

【适用范围】

市级公共图书馆、市级少儿馆、区级公共图书馆、街镇公共图书馆。

3.1.9 艺术表演

【对象】

青少年读者。

【定义】

利用音乐、戏剧、课本剧、舞蹈等形式，提升青少年审美素养，陶冶情操。

【人员安排】

需要有一名专业的负责舞台的馆员指导演出的走位、服装、妆效等。需要有一名专业的图书馆馆员进行策划，一名专业馆员做场记，若干志愿者协助指引活动地点、维护现场秩序。

【组织策划】

表演类活动是指在图书馆员、家长、老师的指导下，选取经典剧目，由图书馆员、老师引导，青少年读者对剧本加以改编，并由青少年读者表演呈现剧本内容。评委可以选择专业性较强的老师，或者让青少年群体评选。活动场地配备讲台、投影等设备、设施及培训资料，讲师电脑需安装录屏软件或直播软件用于录制比赛过程，还需一个可以开展音乐、戏剧表演活动的表演空间。

【适用范围】

市级公共图书馆、市级少儿馆、区级公共图书馆、街镇公共图书馆。

【组织频率】

周期相对灵活，可依据特定的节日或活动做调整。

3.1.10 创客空间

【对象】

青少年读者。

【定义】

创客空间指的是社区化运营的工作空间，有共同兴趣的青少年（通常是在电脑、机械、技术、科学、数字艺术或电子技术等方面）可以在这里聚会、社交、展开合作。

【人员安排】

需要有一名创客活动教育者或管理者等参与指导活动。

【组织策划】

需要有一个安全的、温馨的礼堂或培训教室，配有讲台、投影等设备、设施及手工材料，电脑需安装录屏软件或直播软件用于录制过程，创客思维教具（电脑、3D 打印机等）等。利用技术学科和工程学科的教育，通过数字化制造技术（如编程和 3D 打印等）实现自己的创意。以读者的需求和馆藏资源为基础，确定活动主题。主题确定后，通过图书馆微信公众号、微博、网站以及馆内公告等多种渠道，全方位宣传主题活动。读者选择自己喜欢的活动后，依程序报名。每期限定报名人数，保证活动的有序、有效开展。活动正式开始前可先以发放小册子以及播放影片的形式，让读者在阅读、观看影片的过程中感受、学习整个流程。阅读 / 观看完毕后，读者以手工制作的形式，制作一些生活类用品，使读者在实践过程中体验书本知识的“精髓”，同时也满足了读者个性化阅读体验的需求。活动后，要利用微信公众号、微博、网站等渠道报道活动的开展情况，加深读者对涉及到的书本知识的理解，并可向读者推荐相关阅读书目，形成“阅读—制作—再阅读”的高效体验式阅读。

【适用范围】

市级公共图书馆、市级少儿馆、区级公共图书馆、街镇公共图书馆。

【组织频率】

周期相对灵活。

3.1.11 信息素养活动

【对象】

青少年读者。

【定义】

通过技术科学素养的活动，提升青少年在信息时代的适应能力，培养其信息意识、提高其信息处理能力和应用技能。同时，加强青少年文明使用网络、辨别真假新闻的意识，并锻炼他们在读者信息搜集和整合方面的能力。

【人员安排】

需要一个专业性很强的信息技术教师现场指导，需要一名专业的图书馆馆员进行策划，若干志愿者协助指引活动地点、维护现场秩序。

【组织策划】

信息素养活动主要锻炼青少年在接收信息、判断信息、吸收信息、处理信息方面的能力。通过 Scratch 或是仿 Scratch 的图形化编程语言，以游戏、情景动画、积木构建的方式学习机器人编程，也就是搭建机器人，通过运行程序让他动起来，基于 python，c++ 等高级编程语言的计算机编程教学。需要有一个安全的、温馨的礼堂或培训教室，配有讲台、投影等设备、设施，讲师用电脑需安装录屏软件或直播软件用于录制过程，其他需要还包括多媒体、无人机、机器人、电脑等。

【适用范围】

市级公共图书馆、市级少儿馆、区级公共图书馆、街镇公共图书馆。

【组织频率】

周期相对灵活。

3.1.12　读者自创活动

【对象】

青少年读者。

【定义】

在图书馆员的指导下，由青少年群体自己主导、策划、准备、参与以及评估的阅读推广活动，旨在锻炼青少年的自主能力和创新意识。

【人员安排】

需要一名专业的图书馆馆员进行策划，若干志愿者协助指引活动地点、维护现场秩序。需要聘请相关专家做评委，或者由馆员担任评委。

【组织策划】

读者自制活动需要图书馆员提供场地、设备、网络等支持，活动结束后对组织参与者进行鼓励和奖励。活动后，要利用微信公众号、微博、网站等渠道报道活动的开展情况，使更多的读者看到青少年的辛勤付出和创意成果。

【适用范围】

市级公共图书馆、市级少儿馆、区级公共图书馆、街镇公共图书馆。

3.1.13　专题研究小组

【对象】

青少年读者。

【定义】

专题研究小组主要是由阅读推广人起头，可邀请专家学者、教育工作者、家长等共同参与，针对与城市生活息息相关的某一议题，招募青少年读者展开对于某一议题的讨论研究。

【人员安排】

每场研究小组活动有需要可以邀请一名专家学者，配备至少一名专业馆员做场记，若干志愿者协助进行准备活动、维护现场秩序等。

【组织策划】

针对健康、职业、社会议题的研究小组旨在锻炼青少年读者对于自身发展的关注、对于社会议题的思考，希望在活动中充分提高青少年的参与度和积极性，故在活动组织策划中应重点关注青少年群体的行为活动。该类研究小组活动一般分为几个步骤：确定议题——邀请专家、招募青少年读者——分组讨论、调查研究——呈现研究成果——专家点评、交流心得——形成研究报告。阅读推广人在其中主要承担了组织者的角色，教育工作者和家长可以参与研究成果展示的旁听和讨论。研究小组类活动一般需要在隔音较好的研讨室进行，配有投影、讲台、桌椅等，桌椅可以灵活放置，以适应小组讨论或小组分享等不同活动场景。

【适用范围】

市级公共图书馆、市级少儿馆、区级公共图书馆、街道公共图书馆。

【组织频率】

根据议题本身决定活动的频率和持续时间；节假日期间更适合在时间上有连续性的研究小组活动。

3.1.14 其他

【定义】

其他类型的图书馆活动

【举例】

家长分享会、真人图书馆（Living Library）、青少年自制类活动、电影观赏、课程等。

第四部分　服务空间

对于儿童图书馆的内部空间而言，除了需要满足不同年龄群体的阅览需求，还需要服务于不同类型的活动，不同类型的阅读推广活动对于空间的需求也是不一样的。

4.1　空间需求

青少年阅读推广服务空间设施大小和设计没有统一的标准，在规划其服务空间时，应考虑以下因素：

● 安全性：安全性是图书馆任何服务空间的基本要求，家具设备应当坚固耐磨，能承受高强度的使用，易于维修、环保安全，符合少年儿童人体工程力学标准。对于青少年而言，一定要保证服务空间内的电子设备等的正确使用，以免发生不必要的伤害。

● 便利性：提供特色服务的功能空间，在规划设计时须放置在读者方便找到的位置，并配以清晰的视觉导引，方便读者了解和体验。

● 适宜性：该空间不论封闭、半开放还是开放，都应保持合适的室温，保证家具的便利使用、设备的可操作性，为读者营造一个设计友好的体验空间。家具应尽量舒适、美观、休闲，营造宽松安静的氛围。座椅可结合人体工学要求，按年龄划分高度、大小。对于青少年来说，舒适的家具，如沙发、咖啡桌和豆袋椅或其他休闲家具最有吸引力。照明设计应满足阅读照明需求和节能减排的要求，自然光和内部照明技术相结合，为阅读空间、学习空间和活动空间提供不同的照明等级。

- 灵活性：该空间应能根据各色各样的活动如读书会、主题讲座、创客空间、艺术表演等的需要进行使用和重新布置，将空间的功能实现最大化。对于青少年而言，空间需满足独立阅读、小组讨论、创意设计等需求，可配备小型讨论空间、亲子阅读空间以及一些私密的空间。

- 吸引度：对于青少年而言，他们对图书馆服务的需求和期待来自他们的生活经历以及社会、教育和文化的影响，他们变得越来越独立，对社交越来越感兴趣。图书馆需要提供一个具有吸引力的空间让青少年在其中交流、社交及享受阅读。

4.2 空间分类

在规划和兴建新图书馆时，用户参与很重要。在条件允许的情况下，富有创新精神的图书馆员应该咨询和倾听青少年关于图书馆空间创造的想法，让他们参与设计该年龄段的图书馆空间。一般对于青少年群体而言，图书馆服务空间包括：

● 学习空间：旨在为读者提供一个舒适的、资源丰富的学习环境。例如开放阅览空间、培训教室、智慧书屋、计算机室等，比较适合开展公益讲座、培训类活动等。

● 灵感空间：旨在为读者提供一个多元化的空间，激发他们的创作欲和分享欲。例如手工教室、电子互动墙、音乐教室、冥想室等，比较适合开展交互类活动、手工类活动、展览类活动等。

● 表演空间：旨在为读者提供一个设置完备的表演平台，例如融媒体报告厅、录音棚等，比较适合开展艺术表演类活动、竞赛类活动等。

● 讨论空间：旨在为读者提供一个隔音良好、可以畅所欲言的可封闭空间，例如会议室、讨论室等，比较适合开展创客活动、课题讨论等。

● 研发空间：旨在培养读者在多方面的素养能力，包括思维能力和动手操作能力等。例如机器人实验室、物理实验室等；比较适合开展信息素养活动、手工类活动等。

4.3 网络空间

在融媒体时代，除了实体空间之外，图书馆更需要去创建更具交互性的“网络空间”，例如线上咨询箱、线上留言板、社交话题讨论、论坛、直播等。通过在线上与读者全方位的沟通，进一步优化读者体验，创造更多的可能性。

第五部分　服务宣传

图书馆员应成为图书馆阅读推广活动的有力倡导者，应向青少年和社群宣传其服务和资源，以有效接触对阅读推广活动感兴趣的人群以及没有图书馆使用习惯的人群。

对于图书馆而言，以最适合青少年人群的方式宣传阅读推广活动及其资源是非常重要的。服务宣传主要分为三个阶段：

- 活动前预热：拓宽受众群
- 活动中推广：加强与读者的交互
- 活动后维持：建立稳定受众

在此过程中，服务宣传主要包含线下与线上两个方式，需做好线上线下宣传联动：

（1）线下宣传

- 公共交通海报宣传
- 场馆海报展示（例如宣传册、指示牌、视频展示、内部刊物等）
- 馆员现场介绍
- 合作宣传（例如通过学校、社区、博物馆、美术馆、文

化馆等现场宣传）

（2）线上宣传（主要是社交媒体的宣传）

● 官网

● 微信、微博

● 视频平台、直播

● 行业资讯平台

在针对青少年群体的活动宣传中，需要密切关注青少年群体的认知水平和兴趣点，结合时代热点，找准兴趣切入，进行精准投放。线下宣传应选取较为适合青少年活动的场所，线上宣传应选取青少年较为活跃的平台和生态圈进行活动推广。

第六部分　服务评估

6.1　服务评估定义及目标

评估是对图书馆服务或设施的效益、效率、利用率和相关性的评价过程。服务评估是图书馆服务的一个基本且重要的组成部分，也是图书馆服务规划中的关键环节。通过收集和分析适当的数据和证据，服务评估可以成为改进活动和服务、沟通决策的工具。

图书馆青少年阅读推广活动进行评价，有助于了解这些服务和活动是否满足当地社群青少年的实际需求，有助于一步步优化阅读推广活动的互动形式，有助于提升馆员的综合业务能力，有助于充分发挥图书馆的文化教育功能，进而在社区营造更为浓厚的阅读氛围。

6.2　评估内容

服务评估是活动管理流程中很重要的一环，一方面是上级主管部门的评估，另一方面是本馆在专业性上的评估，我们在此主要谈论后者。在制定青少年阅读推广活动评估计划时，需要考虑以下问题：

● 需要对哪些内容进行评估?（示例如下，综合多因子进行定量/定性分析，根据实际情况进行调整。）

年推广活动次数	一年内本馆举办或与外机构联合举办的面向读者的阅读推广活动的次数
活动参与总人次	一年内本馆举办或与外机构联合举办的各类社会教育活动参与人次的总和
参与各项活动的人均次数	一年内图书馆服务区域内常住少年儿童人口人均参与图书馆活动的次数/一年内本馆持证读者人均参与本馆举办各类活动的次数
线上活动点击量	一年内图书馆线上活动平台中所有网页（含文件及动态网页）被访客浏览的总次数
活动宣传效果	图书馆利用各种方式对本馆开展的各类社会教育活动进行宣传、介绍和推广的效果反馈，这直接影响到读者对于活动的知情度
活动空间设备的安全性	活动空间的设施设备需针对少年儿童的身心特点，符合消防、电力、卫生、环保等要求安全运行，并采取有别于成人的安全保障措施
活动参与度	青少年阅读推广活动中活动的形式与内容质量对读者的吸引度
投入与收效	考量中央及地方各级政府部门向图书馆阅读推广活动投入的拨款总额，以实际到位的经费进行计算，对经费投入与效果产出进行评估
文献流通量/办证量/数字资源借阅量	每月活动次数与文献流通量/办证量/数字资源借阅量是否成正比影响
读者满意度	进行图书馆评估时，抽样调查获取读者对图书馆整体或各项服务的满意程度
人员培训时长	一年内图书馆从业人员人均参加的与所在岗位相关的各类教育培训活动的平均学时数

- 需要采集什么形式的被评估样本？
- 实施评估的最佳时间段？
- 采用何种标准来评估活动效果？怎样的评估结果被认为是成功的活动？
- 评估标准将随着时代发展如何发生变化？
- 评估结果将如何影响活动策略的变化？

6.3 评估方法

- 现场评估：通过与青少年人群及家长的现场互动了解活动效果；活动结束后通过问卷调查、当面访问、留言墙等方式了解读者们的意见和建议。
- 电话回访：通过与参与活动小读者及家长的电话沟通，了解读者对于活动内容、活动形式、活动效果、活动偏好等反馈。
- 线上评估：做好活动预估，采用线上问卷调查、评论留言等形式，系统化整理反馈数据，建立活动受众的“人物画像”，进一步了解青少年的偏好与需求。

6.4 评估结果及优化

对图书馆阅读推广活动的评估让我们有机会更好地了解社群需求，进而策划更具互动性、影响力的图书馆活动。

归纳活动评估结果旨在积累经验、推陈出新，在活动评估的过程中，一方面，我们要考虑评估体系的合理性和可操作性；另一方面，我们需结合阅读推广活动本身的目标，思考以下问题：

- 本期活动的开展达到了我们最初设定的目标吗？
- 我们是通过什么方式达成了活动目标？
- 本期活动是从哪些方面改善了青少年的阅读情况？
- 青少年读者对于该活动的反馈是什么？
- 本期活动的流程是否适用同系列的活动？该活动流程是否需要优化？
- 活动受众范围是否需要扩大或缩小？
- 如何在活动过程中加入 / 加大评估因素？
- 评估标准是否需要根据不同活动形式进行相应的调整？
- 如何更高效地对服务评估结果进行分析？

综上，对服务评估结果的归纳及分析在青少年阅读推广活动中是不容忽视的一环；但与此同时，活动策划过程不能被评估模式、评估结果禁锢思维，在考虑读者需求的同时，也要顺应时代与技术的发展，为读者“创造需求”，打造更具图书馆特色、融合新兴技术、展现时代风采的青少年阅读推广活动。

参考文献

［1］IFLA Libraries for Children and Young Adults Section. IFLA Guidelines for Library Services to Children aged 0-18-2nd Edition（revision of 2003 Guidelines）［EB/OL］.［2018-11］. https://repository.ifla.org/handle/123456789/171.

［2］全国人大常委会 . 中华人民共和国公共图书馆法［EB/OL］.［2017-11-05］.http://www.gov.cn/xinwen/2017-11/05/content_5237326.htm.

［3］上海市人民政府 . 上海市公共图书馆管理办法［EB/OL］.［2015-05-22］.http://shanghai.gov.cn/xxzfgzwj/20210608/4018ee2ec9f141d6838e8cada0658021.html.

［4］上海市发展和改革委员会 . 上海市基本公共服务实施标准（2023 年版）［EB/OL］.［2023-12-29］. https://fgw.sh.gov.cn/fgw_shfz/20231229/1205a1be7c714133be243a410f1a7630.html.

［5］GB/T 36720-2018. 公共图书馆少年儿童服务规范［S］.2018.

［6］WH/T 70.3—2020. 公共图书馆评估指标第 3 部分：省、市、县级少年儿童图书馆［S］.2020.

上海地区特殊儿童阅读推广服务指南

引　言

本指南旨在为上海地区少年儿童图书馆或公共图书馆少儿馆开展面向特殊儿童的高质量阅读推广服务提供参考。

根据《中华人民共和国残疾人保障法》[1]第二条的规定，本指南中的特殊儿童指的是在心理、生理、人体结构上，某种组织、功能丧失或者不正常，全部或部分丧失以正常方式从事某种活动能力的人，包括视力残疾、听力残疾、言语残疾、肢体残疾、智力残疾、精神残疾、多重残疾和其他残疾的0—18岁的儿童。图书馆在开展相关的阅读推广活动中，将通过阅读推广服务这一桥梁，帮助特殊儿童，促进其身心健康发展。

《中华人民共和国公共图书馆法》[2]在三十四条中声明，政府设立的公共图书馆应当考虑老年、残疾人等群体的特点，积极创造条件，提供适合其需要的文献信息、无障碍设施设备和服务等。《国际图联0—18岁儿童图书馆服务指南》[3]指出，儿童图书馆在非商业性公共空间中为当地社群的所有成员提供服务和活动。这其中应包括所有儿童，不论其种族、宗教、性别、文化背景、社会经济地位、智力或身体能力。该指南提出，图书馆在进行馆藏资源建设、空间建造和活动设计等服务时，应满足身体及感官残障儿童的需求。

2011 年中国残联和中国图联成立了全国残疾人阅读指导委员会，通过成立指导残障人士阅读的机构，加强保障残障人士阅读服务的政策，倡议全国各级各类图书馆一起行动起来，积极为残障人士提供更多无障碍服务。在各方努力下，目前我国可供残障人士阅读的资源更加丰富，阅读方式更加多元，环境更加便利，开展的活动更加多样。

2013 年 6 月 28 日，中国签署了《马拉喀什条约》[4]，成为首批签署方之一。2022 年 5 月 5 日，《马拉喀什条约》对中国正式生效。该条约主要目标是创设一组有益于盲人、视力障碍者和其他印刷品阅读障碍者（视障者）的强制性限制与例外。该条约要求各缔约方规定版权限制与例外，以保障阅读障碍者平等欣赏作品和接受教育的权利，是世界上迄今为止唯一一部版权领域的人权条约。

但从已有研究可以看出，特殊儿童服务相关研究理论和服务实践尚不成熟，研究成果较少，理论基础薄弱，在实际操作中还有许多困难与不足：如馆藏资源缺乏多样性，供给不足；阅读空间受限，功能不全；阅读推广活动流于形式，不够深入系统，仅通过书籍资料捐赠活动或设立服务点的方式交给特殊教育学校等[5]。我国图书馆为儿童提供的特殊服务不多、内容单一、专业人员缺失，急需在管理层面建立相应的制度指南，在理论层面建立相应的方法体系，以提高实践领域的特殊服务意识，增加特殊服务投入，尊重和保障儿童充分参与文化艺术生活的权利，并为他们参与文化、艺术、娱乐和休闲活动提供平等的机会[6]。此外，还需对图书馆员尤其是少儿图书馆馆员进行培训，以提升其服务意识及伦理道德水平，促进其形成包容、平等、尊重的服务理念[7]。

为了促进上海地区特殊儿童的阅读推广服务更好地发展，本指南将从特殊儿童阅读推广服务资源、服务内容、服务空间、服务宣传、服务评估等方面提供帮助。本指南适用于本市各级公共图书馆及社区文化服务站的一线馆员或工作人员、图书馆的实践馆员、管理者和决策者及从事特殊儿童阅读培养相关研究的教育工作者参考。

第一部分　总则

1.1　使命和目的

1.1.1　使命

2019 年 4 月 1 日起正式实施的《公共图书馆少年儿童服务规范》[8] 中指出，公共图书馆是公共文化服务体系的重要部分，应遵循平等服务的原则，保障和实现所有儿童平等获取公共图书馆服务的权利。图书馆特殊儿童服务应根据儿童的特点，单设适合不同类型的特殊儿童阅读空间，以无障碍的方式提供适宜的信息资源和个性化的服务，满足特殊儿童及其家长、特殊教育者等人群的需求，探索适应特殊儿童和普通儿童共同成长的融合阅读服务模式。

1.1.2　目的

为不同类型的特殊儿童提供安全、适宜的无障碍阅读环境，满足特殊儿童平等使用图书馆资源和获取信息的需要；

运用图书馆资源，为特殊儿童及其家长、看护人以及从事特殊儿童服务相关工作的人员提供丰富的阅读资源和培训；

激发特殊儿童对阅读的兴趣，帮助他们在阅读中有所收获，从而爱上阅读；

吸引更多特殊儿童及其家长养成使用图书馆的习惯，让阅读成为他们获取知识、充盈人生的法宝，培养特殊儿童使用图书馆以及养成终身阅读的习惯；

促进特殊儿童的身心健康发展，帮助其培养语言能力、思维能力、阅读能力、想象力、文化素养、终身学习能力等；

帮助特殊儿童及其家长融入社会，促进特殊儿童家庭之间、特殊儿童家庭与普通儿童家庭之间的分享交流。

1.2 目标群体及人群特征

1.2.1 目标群体

图书馆为特殊儿童提供服务的主体是：特殊儿童及其父母、监护人、看护人，以及其他从事与特殊教育、特殊儿童服务等相关工作的人员。

1.2.2 人群特征

特殊儿童由于特殊的个性、心理和认知特点，往往存在注意力不容易集中、不稳定的特点，该特点影响了特殊儿童阅读习惯的养成。大多数特殊儿童家庭关注康复训练较多，缺乏家庭阅读意识，对特殊儿童的阅读特点、亲子阅读理念和阅读方法掌握较少，多数家庭阅读氛围差，迫切需要更新家庭阅读理念，获得专业阅读指导。另外，社会对特殊儿童的友好度欠缺，缺少适合特殊儿童阅读的场所[9]。

特殊儿童和其他儿童一样，在婴幼儿时期对这个世界是懵懂未知的；在孩童时期，对一切充满好奇，有着强烈的求知欲望；进入青少年时期，则开始有自己的兴趣爱好，也会经历青春期。公共少年儿童图书馆应为特殊儿童群体提供个性化的阅读推广服务，使特殊儿童群体也能够充分利用图书馆的资源，并在阅读中受益终身。

第二部分　服务资源

2.1　文献信息资源

2.1.1　纸质藏书

纸质藏书是儿童阅读的最主要来源，因此全面配齐各类特殊儿童图书非常关键，也能保证阅读推广服务的有效开展。

首先，根据残疾类型分类，可分为：肢体残疾、听力残疾、视力残疾、言语残疾、孤独症谱系障碍、学习障碍、智力残疾、情绪障碍、多重障碍及其他障碍，因此图书馆纸质藏书中，需要配齐与以上残疾类型相关的书籍及合适数量的复本。

残疾儿童在智力、年龄、经验或兴趣方面与其他任何人都不同，需要特别改编的书籍，不同类型的特殊儿童需要不同类型的改编书籍，这些书籍应具有与普通书籍相当的艺术性和多样性。例如，适合视障、智障或多重障碍儿童的触觉图片、有声图画书；适合听障儿童的手语版本读物；适合言语障碍或智力障碍儿童的印有布里斯符号书或象形书，印有大字体的书籍、图画书，以残疾儿童为主要人物的插图书籍，以及故事简单和进度平缓的音视频等。

最后，图书馆应配备适合不同年龄的特殊儿童阅读的图书，内容应以积极向上为主，切忌选择不利于特殊儿童身心健康发展的图书。另外，还应为有视力残疾的儿童配置可触摸的启蒙书、有声书以及盲文书，图书的内容应当丰富，满足视力残疾儿童多样化的需求，如认识世界、发展兴趣爱好等。同时，应为特殊儿童家庭及相关工作者提供专业的指南类读物等。

2.1.2 数字资源

随着电脑和智能手机的普及，数字化阅读也成为特殊儿童的阅读途径之一；对于盲童或出行不便的肢体残疾儿童来说，阅读数字资源明显具有更多的便利性。因此，有条件的图书馆应配备适合不同年龄、不同残疾类型特殊儿童的课程视频、电子有声书等。同时，为有视力残疾的特殊儿童提供无障碍网站页面导引。

在特殊儿童家庭教育指导方面，也应发挥数字资源的便利性，开发更多适合特殊儿童家长学习的育儿指南、亲子阅读课程视频及电子图书等，让家长在繁忙的工作之余能随时随地进行学习。特殊儿童的家长对特殊儿童的成长具有非常大的影响，因此，不管是纸质图书，还是数字资源，都不可忽视针对特殊儿童家长的指南类读物配置。

2.2 场地设施资源

2.2.1 无障碍阅读辅助设备

视力残疾儿童包含盲童和低视力残疾儿童。盲童认识事物主要靠听觉和触摸觉，因此盲童需要借助带语音功能的阅读辅助设备进行“阅读”或“阅读”盲文书；低视力残疾儿童依靠视觉认识事物，阅读特殊印刷读物或借助扩视器等阅读辅助工具进行阅读。无障碍阅读辅助设备主要是为视力残疾儿童和其他在阅读上存在障碍的儿童服务的，图书馆需要配置适量的设备与无障碍操作说明。

2.2.2 空间资源

在日常提供阅读推广服务时，最好有专属的特殊儿童无障碍阅览室，用于存放仅供特殊儿童阅读的书籍或使用的设备，如为盲童制作的可触摸书籍、有声书、盲文书，辅助视力残疾或阅读障碍儿童阅读的设备，并配备无障碍电脑等数字设备，以及与特殊儿童教育相关的书籍，同时需要进行相应的布置，给予特殊儿童及其家长专属、温馨、安全的阅读空间。

在进行阅读推广阵地活动时，需要有温馨安全的活动场地、舒适的座位，以及适合本次活动类型的教室装饰、座位布置等，在空间和环境上能够保证活动的正常进行，能够让特殊儿童在此环境中感受到安全、关注、爱和快乐等。同时，在进行活动时，需要准备好相应的无障碍教具，设置无障碍通道，如在融合活动中为特殊儿童提供特殊教具，为有肢体残疾儿童或盲童提供无障碍通道及专人指引等。

图书馆除了为有肢体残疾、视力残疾的儿童设置无障碍通道，在开展活动时，还需要张贴明显的指引标识，开通绿色通道，安排专人指引。在阅读活动过程中，可能需要用到相应的播放或录制设备，便于在得到授权的前提下，记录珍贵的活动内容影像。

2.3 财政资源

各级图书馆应专门为特殊儿童推广服务提供专项资金支持，用于以下三个方面：

① 聘请特殊儿童阅读与教育专家经费及单次的技术或知识付费；

② 特殊儿童专业馆员学习培训费；

③ 各项活动所需人才咨询费、服务费、材料费、外出场地费等。

2.4 阅读推广人

2.4.1 人员数量

上海公共图书馆特殊儿童阅读推广人数的确定应以该图书

馆所在区域服务的特殊儿童人口数为依据，同时综合各馆的馆舍规模、馆藏资源、服务时间、服务范围、活动内容等因素确定人数。每次特殊儿童阅读推广活动至少配有 1 名专业馆员。

2.4.2 人员要求

阅读推广服务对馆员的专业性和经验要求都比较高，尤其是特殊儿童的阅读推广活动，他们不仅是少年儿童阅读推广的引路人，也是家长和学者的教育指导者。因此，图书馆馆内应有专门负责特殊儿童服务和阅读推广的专业馆员，定期参与少年儿童服务专业知识教育培训，年接受培训时间不低于 60 学时 / 人。

2.4.3 人员组成

特殊儿童的阅读和教育是一项专业性要求极高的工作，因此在实际进行阅读推广服务时，需要寻找专业机构和个人的支持，如当地残联、家庭教育机构、特殊教育学校及其教师、特殊儿童育儿专家、妇幼保健院等。合作形式多样，包含但不限于：

① 邀请专家进行特殊儿童阅读与教育相关的系列主题讲座；

② 邀请专业教师进行阅读、游戏、艺术等实践性活动；

③ 寻找单次技术支持，如手语翻译、盲文科普专业指导等；

④ 与特殊教育学校教师进行采访交流，了解特殊儿童的阅

读现状、特点和需求，走近他们，从而更好地提供帮助。

除寻求专业机构和个人合作外，也可招募一些在特殊儿童阅读和教育方面有特长的志愿者，或志愿帮助特殊儿童成长的成年残障人士志愿者，他们的成长故事，能够给特殊儿童带来不一样的激励和启发。

第三部分　服务内容

3.1　活动管理

3.1.1　目标管理

【明确人群及范围】

特殊儿童类型较多。由于不同人群的特征及需求不同，导致活动的类型、所需资源和活动方式存在较大不同，因此在进行活动策划之前首先要明确好本次（系列）活动服务人群的特殊类型和年龄等方面的内容，同时要明确活动对象是特殊儿童及其家长，还是仅家长，才能更准确更有针对性地准备资源并开展活动。

【明确活动目标与主题】

在策划单次活动或系列活动之前，要明确活动的目标，从读者的角度出发进行思考，他们有什么需求，图书馆能够提供什么服务，活动如何展开，预计达到怎样的效果，能够给特定的读者带来什么等等，从而确定好本次活动或系列活动的主题。

符合 SMART 原则制定的目标，不仅有利于前期策划，同时有助于在策划阶段随时把握方向，不至于偏离方向——即在活动策划时，能根据目标对活动流程进行调整；在活动结束后，能够根据目标来评估活动是否达成，方便活动评估时测量结果。

3.1.2 活动策划与执行

【活动时间和频率】

特殊儿童阅读推广活动可根据不同残障类型进行相应的主题活动，有单次活动或系列活动，活动形式分为线上或线下。单次活动依据实际情况提前准备，至少提前两个月开始策划与准备；系列活动策划的时间要更早一些，其中每单次活动的内容排序、招募方式、举办频率等都需要提前规划，如果系列活动效果较好，可尝试将其发展为品牌活动。

【活动计划、执行与复盘】

活动计划表中需至少包含以下内容：活动时间、场地及布置、活动流程、演讲稿或活动物料、所需设备与用具、物资采购、经费、彩排时间、协作人员、联系方式等。以上内容最好以表格的形式记录，并落实好各项内容的完成时间及执行人，方便活动筹备时的进度把控和问题处理。

若该活动是与外部机构或专家合作的，需要提前明确好合作模式，即外部合作机构提供哪些服务或技术、哪些部分是由图书馆负责的，并注意确定好外部对接人，注意沟通方式、对接频次、筹备进度等。

在系列活动中，尤其要注重复盘，分析本次活动中做得好的方面，以及存在的问题，在下一次活动策划和执行中应当如何避免。

【风险控制】

在活动的风险控制方面，主要有三个方面的内容。一是线下活动常常因为一些特殊原因无法如期举办，如因特殊时期可能无法线下开展活动或主讲人由于特殊情况无法到场等，因此在进行活动策划时，就要提前准备预备方案，如线上开展、延期或以其他形式举办等。在活动招募时也可能遇到参与人数火爆或报名人数不足问题，这些都是在活动策划时需要提前把控的问题。二是在活动正式开始前的一个星期，需要确认各项物料是否已准备妥当并进行彩排，尤其注意活动流程是否流畅，活动中各岗位是不是各司其职、顺畅对接。三是在活动过程中可能会发生一些意外情况或安全问题，需要提前安排好机动人员并制定尽可能详细的应急预案。

3.2 活动类型参考

以下为十类常见的特殊儿童阅读推广服务或活动，仅供参考，活动频率根据各馆安排决定。

3.2.1 图书馆导览服务

【对象】

各种类型的特殊儿童及其家长。

【定义】

图书馆为由于各种原因在获取和利用文献信息资源方面存在特殊困难的少年儿童读者提供图书馆介绍和有针对性的导览服务，帮助他们了解图书馆，爱上图书馆。导览活动可以是提前规划组织的集体导览活动，也可以是为随时到访的单个特殊儿童家庭主动提供的服务。

【人员安排】

在为听力障碍和言语障碍儿童集体导览时，需配备至少一名专业的手语老师进行现场翻译，单个家庭参观一般由家长担任手语翻译。在为视力障碍儿童集体导览时，需要专门负责视障阅读设备及书籍的馆员在场，为读者讲解或解答盲文图书和有声图书的借阅方式，介绍阅读辅助设备、盲人专用计算机的使用等。整个参观过程中，每三名特殊儿童需要至少一名工作人员陪同，确保整个过程安全、有序。

【组织策划】

集体导览需要按特殊儿童类型分别组织。提前确定好特殊儿童的类型和人数，做好参观的路线规划和人员配置，导览内容需在常规介绍的基础上，重点突出适合该类型特殊儿童阅读的纸质数字馆藏资源、无障碍设施设备、专属或特色阅读空间和阅读活动、专属服务（如绿色办证通道、无障碍入馆、图书邮寄、专属阅读活动或活动等）等方面的介绍和体验，并提前准备好导览手册和其他资料。比如在为视障儿童导览时要重点介绍无障碍入馆通道，无障碍阅览室内的阅读辅助设备使用指导，介绍适合其阅读的有声书、触摸书籍、盲文书等，以及盲文图书的申请借阅方式等；为患有智力残疾、孤独症、阅读障碍等儿童专门介绍他们感兴趣的馆藏资源，如绘本、桥梁书、立体书等，并为其家庭介绍相关的家庭教育指导类书籍或亲子阅读类书籍。

参观前确认空间开放，检查安全问题和物料准备情况——如无障碍通道畅通、张贴清晰的安全标识、重点介绍的图书资源已陈列展出、活动空间开放并按活动要求布置完毕，活动流程和人员调配等到位。在导览活动时，要随时观察参观儿童的人数、状态、现场环境情况等，确保活动安全、有序地开展。

活动结束后，可发放体验反馈问卷给读者填写，有助于后期优化导览服务；同时与个别读者进行深入的沟通，了解他们对图书和图书馆阅读服务的需求，必要时留下联系方式，方便后期提供更多的帮助与无障碍服务。

【适用范围】

对于初次到访的特殊儿童及其家庭来说，导览活动都是必需的，而且导览能帮助建立图书馆在他们心目中的熟悉感和安全感。故此活动适用于省市区街镇各级公共图书馆或少儿馆，其他开展特殊儿童集体导览的图书馆也可以参照执行。

3.2.2　残障类型科普公益讲座

【对象】

全社会家长。

【定义】

主要面向全社会进行儿童残障类型科普讲座，让特殊儿童能够更早地被发现，及时得到科学的治疗和教育。

【人员安排】

此类型的公益讲座需要专业的机构或志愿者进行讲解或由馆员在专业人员指导下讲解，同时由馆员负责现场记录和协调，并安排一位志愿者协助签到和现场秩序维护。

【组织策划】

每次公益讲座围绕一个特殊类型进行科普，主要围绕成因、表现、早期如何发现、家长如何及时寻求帮助等方面展开讲解，并辅以案例和现场问答等。讲座内容可来源于本馆某本藏书或由专家自定讲座内容，可同时配合本馆相关科普藏书设立书展，方便读者听完讲座后借阅相关图书。

讲座类的活动相对于其他活动可以同时服务更多的读者，但现场需要注重互动性，这样能更好地解答家长的问题，若场地较大，现场应提前备好话筒供家长提问使用。

在活动结束后，可发放问卷收集对讲座的反馈，包含但不限于建议、现场未能解答的疑问、其他需求等。

【适用范围】

此活动各级公共图书馆或少年儿童图书馆均可举办，省市区级公共图书馆或少儿馆可与街道图书馆共同举办，并录制成视频供更多的家长观看学习。

3.2.3 家庭教育指导讲座

【对象】

各种特殊类型儿童的家长。

【定义】

针对各种类型特殊儿童的家长开展家庭教育和阅读指导方面的讲座，根据不同残障类型的家庭分批开展。

【人员安排】

此类型的公益讲座需要专业的机构或志愿者进行讲解，一名特殊儿童专属馆员做协调，一名专业馆员做场记，若干志愿者协助指引活动地点、维护现场秩序等。

【组织策划】

此类讲座在前期策划时可与专业的机构或专家合作，由特殊儿童育儿专家和特殊教育专家主讲；图书馆馆员需具备常见类型的残障儿童的心理健康和教育知识，包含各残障类型表现、成因、生活和学习困难、成长特点、教育重难点等方面的知识，并做好现场助教的角色，也可结合内容设计一些现场活动。

由于不同特殊类型的儿童的心理特点不同，因此本活动需要按特殊儿童类型分别开展，指导不同年龄段特殊儿童的阅读培养重点和具体培养方法。由于特殊儿童的学习大部分离不开家长的陪伴，因此阅读指导讲座中也应加入亲子共读指导方面的内容。开展讲座的同时，可配合本馆相关藏书设立书展或体验活动，方便家长听完讲座后借阅相关图书。

开展的讲座中需设置提问环节，让家长的问题能够得到解答，能够在实际案例中进行育儿和阅读指导。活动结束后，工作人员进行问卷调查和反馈收集，也可根据家长的意愿长期保持沟通，更好地了解特殊儿童的成长情况和需求，从而更好地提供服务。此类活动在进行策划和招募报名时，需要提前对接相应的特殊学校，受众包含特殊儿童学校集体报名和社会面个人报名。

在活动结束后，可发放问卷收集对讲座的反馈，包含但不限于建议、现场未能解答的疑问、其他需求等。

【适用范围】

此活动比较适合市区级公共图书馆或少年儿童图书馆举办，省市区级公共图书馆或少儿馆也可与街道图书馆共同举办，并录制成视频供更多的家长观看学习。

3.2.4 好书分享

【对象】

各类特殊儿童及其家长，普通儿童及其家长。

【定义】

定期推荐适合各类型特殊儿童阅读的馆藏资源，包含纸质资源、数字资源等，或与特殊儿童相关的科普读物等，促进社会对特殊儿童的了解和关注，通过图片、文字、音频、视频等多种方式呈现，并向读者征集好书推荐。

【人员安排】

需要专门撰写图文音视频推文的馆员，以及富有爱心和耐心的馆员与特殊小读者长期保持沟通，收集小朋友的好书推荐材料。

【组织策划】

针对一种特殊类型的儿童进行好书分享，每次可分享三本左右的图书，每期可围绕一个主题，内容可以是以特殊儿童为第一视角的，也可以是以普通儿童为第一视角且与特殊儿童相关的，还可以是其他适合特殊儿童阅读的绘本、桥梁书等。

在面向不同类型的特殊儿童撰写推文时，撰写方式需要适合他们“阅读”，如面向视力障碍儿童推荐图书时，需录制相应的有亲和力的音频内容，让儿童能够无障碍“阅读”；面向低龄的听力障碍儿童推荐文章时，考虑到儿童可能还不识字，可以增加视频和手语的方式辅助讲解；为智力障碍和患有孤独症等特殊儿童推荐图书时，可以通过生动的语言、图文和视频等方式撰写推文，更好地吸引他们的注意力。内容的呈现方式是多种多样的，比如在撰写一些故事书推荐时，可以以书中主人“我”为第一叙述人进行成长故事介绍，让儿童有代入感，介绍应点到为止，可介绍背景、故事的发展，但结局一般可以保留，以吸引或引导读者自己去发现，并在文末附上对应的图书信息。

推文文末可以附上读后感征集或好书推荐活动（特殊儿童和普通儿童均可报名），建立报名渠道（如邮件等），通过馆员与报名者进行沟通，收集各种形式的读后感或儿童推荐的好书，采集后续反馈并用于下一轮分享。在获得特殊儿童及其家长许可下，对其进行实名表彰，表彰方式可为实体奖励或发放奖状等形式。

【适用范围】

省、市、区、街道各级公共图书馆或少儿馆都可以根据实际需求进行线上好书推荐活动。

3.2.5 故事会

【对象】

阅读障碍、孤独症、智力障碍、视力障碍、听力障碍等特殊儿童。

【定义】

具备特殊儿童阅读推广经验的馆员或特殊教育教师为特殊儿童进行现场绘本朗读、讲故事，并依实际情况进行相关的游戏、体验等活动，帮助小朋友更好地理解书中的故事。

【人员安排】

擅长绘本朗读、讲故事的馆员、此方面的专业人士或志愿者；听力障碍特殊儿童专场需要会手语的主讲人。每三名特殊儿童需要配备一名专门负责特殊儿童的馆员，并配备若干工作人员或志愿者协助拍照、场记，若干志愿者协助指引活动地点、维护现场秩序。

【组织策划】

选定适合特殊儿童阅读的绘本或故事书，主要为有趣、简短的以特殊儿童视角撰写的绘本故事类书籍，以其中一本作为主讲，提供复本作为现场小朋友练习讲故事使用，并在现场展示相关类型的绘本，供读者借阅。根据故事情节需要，可进行一些现场配乐或拟声配音，使现场感更突出，尤其是针对视障儿童进行讲故事时。

此活动建议按不同特殊类型分开举办，听障儿童也可以参加。为年龄较小的儿童或佩戴了听辅设备的儿童进行绘本朗读或讲故事，有助于其听力康复训练；其他听障儿童边看图书边根据手语老师打的手语进行学习。若为视障儿童专场，需有视力正常的家长陪同，并配备盲文版本图书。

故事会现场需要布置得安全、温馨，根据儿童的年龄配备合适的桌椅或坐垫，准备好培训资料、音视频内容等，绘本内容可呈现在课件上，也可以根据内容场景特点，扩印成 A3 大小的展板与小朋友一起边看边讲解，拉近与小朋友的距离。

在活动结束后，可发放问卷收集大小读者对故事会的反馈，并收集小读者们感兴趣的主题或活动，用于后续活动优化，为读者提供更多更好的阅读活动。

【适用范围】

此活动适用于省、市、区、街镇各级公共图书馆或少年儿童图书馆举办，其他开展特殊儿童故事的机构也可以参照执行。

3.2.6 童谣课堂

【对象】

3—6岁智力障碍、学习障碍、孤独症、视力障碍等特殊儿童及其家长。

【定义】

以童谣或地方特色童谣为主题，选择适合对应特殊儿童类型的童谣故事书，通过听、讲、演、唱、玩等形式，让小朋友在童谣的旋律和色彩丰富的绘本中爱上阅读，认识事物，并热爱生活。

【人员安排】

擅长绘本童谣的馆员或童谣方面的专业人士或志愿者，每三名特殊儿童需要配备一名专门负责特殊儿童的馆员，并配备若干工作人员或志愿者协助拍照、场记，若干志愿者协助指引活动地点、维护现场秩序。

【组织策划】

挑选适合婴幼儿的童谣，尤其是韵律简单、朗朗上口的曲目，可以锻炼婴幼儿的听力和记忆力，也可以帮助婴幼儿练习发音。可以选取一些习惯养成类的儿歌，如与吃饭、穿衣、洗澡等相关的童谣，贴近婴幼儿的生活，好记又好玩；或选取一些讲述动物、植物、生活用品的童谣作品。同时要准备好童谣活动中所需的音视频资料、玩具、手工等辅助用品，认真检查活动场地、出入通道和设施设备的安全性，布置好宣传图文和导引标识。

本活动需要根据特殊儿童的类型分别举办。每场歌谣活动一般教演一首完整曲目。根据特殊儿童的残障情况，童谣活动应有所区别。如言语障碍的儿童无法唱童谣，可以播放音乐后让他们脱掉鞋子通过脚底触碰地板感受音乐的律动，同时跟老师学习用手语将童谣“唱”出来。其他特殊儿童在学习童谣时，也可配合简易的舞蹈，如身体摆动或手势舞蹈等方式增强活动的互动性，并通过视线建立接触、语言提示以提高婴幼儿的专注力。教师在组织童谣活动时，要注重集体示范和个别指导。教师集体演示后，应留出充足时间供家长与婴幼儿进行练习，在此过程中，教师要加强对每个家庭的观察和支持。每次童谣活动的时间为 15—30 分钟。

活动结束后，可发放问卷收集大小读者对本次活动的评价和反馈，并征询小读者们感兴趣的活动，以便后期为读者提供更丰富多彩的活动。

【适用范围】

此活动适用于省、市、区、街镇各级公共图书馆或少年儿童图书馆举办，其他开展特殊儿童童谣活动的图书馆可参照执行。

3.2.7 艺术类活动

【对象】

7—18 岁学习障碍、孤独症、听力障碍、言语障碍、视力障碍等特殊儿童及其家长。

【定义】

聘请专业人员为特殊儿童教授各类艺术活动，如美术、手工、音乐等，并组织儿童一起创作。

【人员安排】

专业的艺术从业者或志愿者，最好有特殊教育背景，了解特殊儿童的特点；听障儿童专场时，需配备一名专业的手语翻译；视力障碍儿童的手工活动可从一些立体编织和泥塑开始，因此需要这些方面的专业人士参与；每三名特殊儿童需要配备一名专门负责特殊儿童服务的专业馆员，并配备若干工作人员或志愿者协助拍照、场记，若干志愿者协助指引活动地点、维护现场秩序。

【组织策划】

按儿童特殊类型分别举办活动，有利于活动的组织并保证效果。配合各类传统节日或地区特色，以及不同类型特殊儿童的特点，举办书法绘画、剪纸艺术、标本制作、编织泥塑、音乐欣赏等艺术活动，同时可结合本馆绘本或故事类馆藏作相关图书展示或推荐借阅。儿童完成的艺术作品，可由儿童自行选择带回或留在馆内展出。

此类活动的场地可围成一个U字形，便于老师与儿童之间的互动；主讲人在活动中要注意做好示范，关注到每一位小读者，并请家长协助。

活动结束后，可发放问卷收集大小读者对本次活动的评价和反馈，并征询小读者们感兴趣的活动，以便后期为读者提供更丰富多彩的活动。

【适用范围】

此活动适用于省、市、区、街镇各级公共图书馆或少年儿童图书馆举办，其他开展特殊儿童手工艺术等活动的图书馆可参照执行。

3.2.8 残障知识科普讲座

【对象】

全社会（主要是普通儿童及其家庭）。

【定义】

通过线上科普文章或线上讲座对各残障类型进行科普，并尽可能设计各类体验游戏让健全儿童体会到特殊儿童的一些生活和学习细节，让他们了解残障儿童及其生活，启发普通儿童及其家庭、社会对残障儿童的关注和爱护，也有助于特殊儿童融入社会。

【人员安排】

科普讲座需要邀请专家开展，或馆员通过阅读专业书籍并在专家指导下撰写科普推文或进行科普活动。

【组织策划】

馆员通过阅读相关的书籍资料，了解各残障类型的表现、成因、学习和生活方式及其困难、社会支持和教育教学方式等，并通过馆内官方媒体平台或现场活动进行科普，可以结合相关的绘本，从讲故事入手，并设计一些线上线下的小游戏让健全读者进行体验（如观察盲道和可触摸标识等并说出其作用、蒙眼触摸识别物体体验、学习简单手语、读唇语游戏、体验学习盲文等），并根据科普的内容推荐两至三本相关科普图书。

线下科普主要以健全儿童的现场体验和分享感受为主，科普讲座需要从图书馆或馆藏资源的角度出发，比如相关的绘本故事讲解。活动频率可围绕残疾人节日开展，频率不限，但线上的科普推文最好涵盖各种类型的残障类型人群。

活动开始前应准备好活动需要的物品、音视频材料，确保特殊阅读正常空间开放等，同时准备好残障科普类书籍、残障儿童成长故事类书籍。活动结束后，向儿童发放问卷或自评表，收集他们的学习收获和感悟，并发放体验证书等，鼓励他们关爱特殊的朋友，帮助特殊儿童融入社会。

【适用范围】

此活动适用于省、市、区、街镇各级公共图书馆或少年儿童图书馆举办，其他开展此类科普活动的图书馆可参照执行。

3.2.9 普特共读等融合活动

【对象】

特殊儿童与普通儿童。

【定义】

特殊儿童与相应学龄段的普通儿童共读绘本、故事书、经典诗词、散文等，以及其他课后延伸活动，如听障儿童与普通儿童共读、视力障碍儿童与普通儿童的面对面朗读等，以下以视力障碍普特共读——“面对面朗读”为例。

【人员安排】

特殊教育专业人士主讲或在场协助，如视力障碍普特共读专场，需要有擅长盲文的阅读推广人或盲童阅读教育方面的专业教师或志愿者，同时由专业馆员辅助，其他特殊儿童的普特共读可参考配置。每三名特殊儿童需要配备一名专门负责特殊儿童的馆员，并配备若干工作人员或志愿者协助拍照、场记，若干志愿者协助指引活动地点、维护现场秩序。

【组织策划】

普特共读活动可结合中国传统节假日、各年龄段儿童与阅读相关的节日、残疾人相关节日开展策划。如开展视力障碍普特共读时，可以选取同时有盲文版本和明文版本的故事书、经典诗词或散文等，由视力障碍儿童与普通儿童选取其中的某一段或某一首进行朗读，并分享他为什么选择阅读这段话，他的理解与感受，并点评对方朗读的内容。最后由视力障碍儿童与健全儿童分别用盲文和明眼文字为该书或该段落写一段点评或推荐语，互相赠送对方或存放在图书馆内。

活动开始前应准备好活动需要的音视频材料，明盲对照的图书、音乐、文具等用品，活动结束后，可分别向视障儿童和健全儿童发放不同内容的问卷，分别收集他们对本次活动的评价和反馈，并征询小读者们感兴趣的活动，以丰富后续的融合活动。

【适用范围】

此活动适用于省、市、区、街镇各级公共图书馆或少年儿童图书馆举办，其他开展特殊儿童融合活动的图书馆可参照执行。

3.2.10 阅读礼包赠阅

【对象】

特殊儿童。

【定义】

针对特殊儿童不同的情况，定制适应不同需求的特殊儿童的阅读礼包。

【人员安排】

此过程需要在熟悉特殊儿童阅读需求的专家或专业馆员指导下进行。

【组织策划】

此活动可针对当地不同类型的特殊儿童定制不同的特殊儿童阅读礼包，礼包内可包含但不限于特殊儿童适龄读物、阅读辅助设备、家庭阅读教育指南与阅读记录本等。例如，为视力障碍儿童定制的礼包内可包含触摸书、有声书以及辅助阅读设备（如智能点读笔）等。完成礼包定制后，可由馆员向特殊儿童家庭进行阅读推广，了解特殊儿童家庭的阅读习惯与需求并建立长期联系，定期更新阅读礼包内容，跟踪特殊儿童的阅读成长轨迹。

阅读礼包赠阅方式可包含来馆赠送、上门赠送、馆校合作赠送等。

【适用范围】

此活动适用于省、市、区、街镇各级公共图书馆或少年儿童图书馆举办，其他开展此类融合活动的图书馆可参照执行。

3.3 其他资源

由于大多数馆员不具备特殊儿童教育专业能力，因此在策划和举办针对特殊儿童的阅读推广活动时，需要积极寻求特殊教育等相关社会机构的专业指导。

在特殊教育阅读推广中，与特殊教育学校机构、残联、福利院等的合作是最紧密的，这些机构能为图书馆提供专业的指导，让图书馆为特殊儿童提供的阅读资源能更多地造福所有特殊儿童，在提升阅读推广活动质量和影响力时，为社会教育公平出一份力。

从读者及家庭的需求出发，建立阅读推广合作网络。在特殊儿童的阅读推广方面，由于特殊儿童成长的特殊性，且特殊儿童的家长大多都缺乏相关育儿经验，因此积极寻求与特殊儿童相关的心理咨询机构、特殊儿童家庭教育指导机构以及其他特殊儿童医疗保健等机构的合作，能为开展特殊儿童的阅读推广服务注入灵魂，为特殊儿童提供适合的、有趣的、专业的阅读推广活动。

第四部分　服务空间

由于特殊儿童对于空间需求的多样性与特殊性，所以对空间的首要要求为安全，再根据不同的特殊类型合理规划不同的空间。

4.1　无障碍环境建设

图书馆应为各类型特殊儿童创设无障碍环境。

为肢体残疾读者设计安全、便利的阅读环境，如配置升降桌以方便轮椅读者阅读，方便轮椅读者出行的绿色通道、电梯等。

听障人士必须知晓的声音信息应转为可视信息，并以标识、公告牌或电子屏幕等载体呈现，同时，图书馆应安装信号灯等视觉警报信号设施，在遇到突发事件和其他问题时能及时提醒、通知听障人士[10]。

为了方便视力残疾读者使用图书馆，视障阅览室应设在图书馆本体建筑物与社会公共通道之间的平行层，并在图书馆门口与视障阅览室门口设置无障碍导引标识，在门口处设置与馆外人行道相连接的盲道，并在转弯处设置转向标识；在楼梯、过道、洗手间等处设置扶手或盲道，在墙角等转弯处设置护垫等物，在阅览室或洗手间门口处设置盲文标识或语音提示[11]。

为了帮助读写障碍人群顺利到达阅读空间，图书馆应在专用空间的地面上设置彩色线条，在明显位置设置引导标志，并使用图形等读写障碍人士易理解的标识[12]。

4.2 安全舒适性

特殊儿童由于身体或心理上存在残疾，因此对于阅读空间的安全和舒适性要求会更高。有条件的图书馆应为特殊儿童设置专门的阅读空间，空间总体应舒适、简单，且隔音、照度适宜，有一定的独立性，有助于他们精神放松，更快乐地阅读[12]。鉴于图书馆服务的特殊儿童的年龄跨度较大，家具设计和阅览坐席等也应该满足不同年龄段读者的不同需求，可以放置一些特殊儿童艺术品摆件、画作，以及适合不同年龄层儿童阅读或活动时使用的舒适度座椅、地毯、软垫、玩偶等。

4.3 便利灵活

首先，特殊儿童的专属阅读空间应能根据故事会、讲座、手工活动等各色各样的活动需要重新布置和调整，将空间的功能最大化，空间可满足独立阅读、小组讨论、创意设计等需求，可配备小型讨论空间、亲子阅读空间以及一些私密空间。另外，馆内其他空间也可以根据活动需求，灵活调整为特殊儿童专场活动空间等。

第五部分　服务宣传

特殊儿童相关的阅读和导览活动招募的对象主要来自对应特殊学校里的学生及社会面单个的特殊儿童家庭，因此日常的服务宣传需加大与特殊学校的合作，提前进行线上线下宣传，并与学校沟通好报名方式等，同时也要通过线上线下的方式面向全社会招募对应的特殊儿童家庭。

应刊印专门针对特殊少儿科普的宣传册（针对视障少儿应刊印特殊的盲文宣传册），注明馆内已具备的特殊阅览室及其设备情况，邀请市民朋友为有需要的特殊儿童进行推荐；

对来参加活动的特殊儿童发放宣传物品和印有图书馆信息的环保袋等，有利于促进在特殊儿童之间进行直接宣传，提升知名度；

在公众号上进行推文和视频宣传，激发特殊儿童及其家长的兴趣；

宣传册普及面应尽量广泛，不仅应放置在馆内服务台，也应在其他公共场所发放，如市政府、学校、医院、便利店等。

第六部分　服务评估

6.1　服务评估的目的

评估即对图书馆服务或设施的效益、效率、利用率和相关性的评价过程。服务评估是图书馆服务的一个基本且重要的组成部分，也是图书馆规划中的关键环节。通过收集和分析适当的数据和证据，服务评估可以成为改进活动和服务、沟通决策的工具。

对图书馆儿童阅读推广活动进行评价有助于了解这些服务和活动是否满足当地社群儿童的实际需求，有助于一步步优化阅读推广活动的互动形式，有助于提升馆员的综合业务能力，有助于充分发挥图书馆的文化教育功能，进而在社区营造更为浓厚的阅读氛围。

6.2　服务评估的内容

6.2.1　阅读推广服务整体评估

在制定儿童阅读推广活动评估计划时，需要考虑一些问题：

（1）需要对哪些内容进行评估?（示例如下，适用于不同年龄层的阅读推广活动，综合多因子进行定量 / 定性分析，根据实际情况进行调整。)

年推广活动次数	一年内本馆举办或与馆外机构联合举办的面向读者的阅读推广活动的次数
活动参与总人次	一年内本馆举办或与馆外机构联合举办的各类社会教育活动参与人次的总和
参与各项活动的人均次数	一年内图书馆服务区域内常住少年儿童人口人均参与图书馆活动的次数 / 一年内本馆持证读者人均参与本馆举办各类活动的次数
线上活动点击量	一年内图书馆线上活动平台中所有网页（含文件及动态网页）被访客浏览的总次数
活动宣传效果	图书馆利用各种方式对本馆开展的各类社会教育活动进行宣传、介绍和推广的效果反馈，这直接影响到读者对于活动的知情度
活动空间设备的安全性	活动空间的设施设备需针对少年儿童特别是低幼读者的身心特点，符合消防、电力、卫生、环保等要求安全运行，并采取有别于成人的安全保障措施
活动参与度	儿童阅读推广活动中活动的形式与内容质量对读者的吸引度
投入与收效	考量中央及地方各级政府部门向图书馆阅读推广活动投入的拨款总额，以实际到位的经费进行计算，对经费投入与效果产出进行评估
文献流通量 / 办证量 / 数字资源借阅量	每月活动次数与文献流通量 / 办证量 / 数字资源借阅量是否成正比影响
读者满意度	进行图书馆评估时，抽样调查获取读者对图书馆整体或各项服务的满意程度
人员培训时长	一年内公共图书馆从业人员人均参加的与所在岗位相关的各类教育培训活动的平均学时数

（2）需要采集什么形式的被评估样本？

（3）实施评估的最佳时间段？

（4）采用何种标准来评估活动效果？怎样的评估结果被认为是成功的活动？

（5）评估标准将随着时代如何发生变化？

（6）评估结果将如何影响活动策略的变化？

6.2.2　单次活动的反馈评估

【工作人员活动记录与总结】

（1）进行活动详细信息或活动过程详细记录。

（2）整理读者反馈，系统化整理反馈数据，进行活动复盘。

① 活动是否按照计划正常进行？遇到了哪些困难？是如何解决的？

② 是否达到了活动目的？是否为特殊儿童带来了帮助？

③ 活动在哪些方面做得比较好，可作为后续活动参考的？

④ 活动存在哪些不足？后续如何优化？

⑤ 其他

（3）建立活动受众的“人物画像”，进一步了解读者偏好与需求。

【读者反馈收集】

（1）通过问卷量化收集反馈：活动结束后通过现场发放问卷的形式调查了解读者们的意见和建议。（问卷调查参考模板详

见附录）

（2）通过深入访谈收集反馈：活动结束后，通过面访、电话回访、社交软件或邮件回访等方式，与特殊儿童及其家长进行深入沟通，收集反馈。（访谈记录表参考模板详见附录）

（3）其他反馈收集方式：通过与小读者及家长的现场互动了解活动效果、通过活动中设置的留言墙了解读者的感受；线上活动通过评论区以及社交软件对话窗口了解读者反馈。

6.3 建立长效的服务反馈机制

【与特殊儿童保持联系】

有人力资源条件的图书馆，可与部分有意向的特殊儿童长期保持联系，在为其提供服务的同时，了解各种类型的特殊儿童在获取图书馆服务方面的困难、其他困难及需求、想法等。

【长期服务，收集成长故事】

对特殊儿童最好的激励，应该是见证和陪伴他的成长。馆员可观察经常参加活动的特殊儿童读者及其家长，收集他们的成长故事，有可能的话，可以邀请这些特殊儿童来线上或线下分享他们的成长故事。

参考文献

［1］全国人大常委会．中华人民共和国残疾人保障法［EB/OL］．［2017-11-04］．http://www.npc.gov.cn/npc/c30834/201711/86402870d45a4b2388e6b5a86a187bb8.shtml.

［2］全国人大常委会．中华人民共和国公共图书馆法［EB/OL］．［2018-10-26］．http://www.gov.cn/guoqing/2021-10/29/content_5647618.htm.

［3］IFLA Libraries for Children and Young Adults Section et al. 国际图联 0—18 岁儿童图书馆服务指南—第二版（2003 版指南修订）［EB/OL］．［2019-04］．https://repository.ifla.org/handle/123456789/241.

［4］世界知识产权组织．马拉喀什条约［Z］．［2022-04-29］．https://www.ncac.gov.cn/chinacopyright/contents/12707/356672.shtml.

［5］赵文萱．公共图书馆特殊儿童融合式多元阅读服务研究［J］．图书馆工作与研究，2021（8）：124—128.

［6］束漫．“图书馆儿童特殊服务研究”专题前言［J］．图

书馆论坛，2018（3）：1.

［7］宋瑞杰，束漫．美国玩具图书馆 Lekotek 的特殊儿童服务［J］．图书馆论坛，2018（3）：16—22.

［8］GB/T 36720-2018. 公共图书馆少年儿童服务规范［S］.2018.

［9］刘隽，毛璐．公共图书馆残疾儿童阅读服务调研［J］．图书馆杂志，2021（12）：52—61.

［10］GB/T 40952-2021，公共图书馆听障人士服务规范［S］. 2021.

［11］GB/T 36719-2018，图书馆视障人士服务规范［S］. 2018.

［12］GB/T 39658-2020，公共图书馆读写障碍人士服务规范［S］. 2020.

附　录

活动反馈问卷调查（特殊儿童和家长一起填写）

1. 怎么称呼您/你呀?					
2. 小读者多大啦?					
	非常不同意	不同意	中立	同意	非常同意
3. 我经常参加此类活动	1分	2分	3分	4分	5分
4. 今天的活动满足了我的期待	1分	2分	3分	4分	5分
5. 本次活动中，我得到了帮助	1分	2分	3分	4分	5分
6. 本次活动中，我收获满满	1分	2分	3分	4分	5分
7. 本次活动中，我感到很满意	1分	2分	3分	4分	5分
8. 其他任何您/你想跟我们分享的内容					
9. 您/你希望图书馆提供什么样的服务或举办什么样的活动?					

活动反馈访谈提纲

活动反馈访谈记录表	
访谈方式	□面访 □语音或电访 □邮件或社交软件回访
访谈对象	□儿童 □家长 □儿童及家长
告知访谈目的	收集读者对活动的反馈意见，以及读者对于图书馆服务及阅读推广活动的期望和需求
参加的活动名称、日期	
举办方式	□线上 □线下
您/你经常参加此类活动吗？参加此类活动的目的是什么？	
您/你对于本次活动的体验如何？是否与您/你报名时的期望相符合？	
本次活动，您/你有哪些收获？令您/你印象最深刻的是什么？	
您/你对本次活动有没有什么意见或建议？	
除了目前提供的服务，您/你对图书馆还有其他服务需求吗？	

SMART 原则

目标的制定可以参照管理学中的SMART原则。即S（Specific）——目标不能太笼统（如提升特殊儿童的阅读量和阅读体验），而是具体的（从特殊儿童的来访人次、借阅数量、阅读和体验评价等方面制定具体目标）。M（Measurable）表示目标必须是可测量的，即能够通过量化的方式对目标进行跟踪与评估。比如，可以从读者角度，通过系列活动举办前后，对比特殊儿童的接待与来访人次、相关推文阅读量、书籍借阅数、新增办卡数等方面的变化来评价活动的效果，也可通过单次活动的服务评价量化效果；当然，不可避免可能还存在一些不可测量的目标，如形成图书馆品牌活动，形成社会效应，帮助特殊儿童融入社会等，可通过对个体的深入跟踪和采访去了解图书馆和阅读对他们的影响。A（Attainable）的意思是目标必须是可达到的，即前面制定的目标要基于历史数据和实际情况去制定，特殊儿童的人群毕竟不是很大，而且相关活动的举办目前尚不成熟，因此在制定具体目标时不能偏离实际人群特点和实际困难，才不会影响活动举办者的积极性。R（Relevant）指的是制定目标时要基于特殊儿童与阅读、知识、图书馆等相关方面，从而更有针对性地提供服务。T（Time-bound）指出目标必须具有明确的截止期限，期限的设定为活动的开展和评估定好了行动节点，不易导致活动拖沓且无效地进行。